文春文庫

ＷＢＣ戦記

日本野球、連覇への軌跡

スポーツ・グラフィック ナンバー編

文藝春秋

WBC戦記●目次

WBC戦記
日本野球、連覇への軌跡

天の巻
2006年

栄光への軌跡

地の巻
2009年

WBC戦記

日本野球、連覇への軌跡

天の巻（２００６年）

YULIESKI GOURRIEL 10
KYOCERA
Adecco
IKEA
OHSHIMA
87
TSUJI
85

2006年３月20日21時58分。日本の野球が世界を制した瞬間。

Japan
51
Japan
89

2006 WORLD BASEBALL CLASSIC 日本代表メンバー表

	背番号	氏名	所属	投／打	生年月日
投手	11	清水直行	千葉ロッテマリーンズ	右／右	1975.11.24
	12	藤田宗一	千葉ロッテマリーンズ	左／左	1972.10.17
	15	★黒田博樹	広島東洋カープ	右／右	1975. 2.10
	15	久保田智之	阪神タイガース	右／右	1981. 1.30
	18	松坂大輔	西武ライオンズ	右／右	1980. 9.13
	19	上原浩治	読売ジャイアンツ	右／右	1975. 4. 3
	20	薮田安彦	千葉ロッテマリーンズ	右／右	1973. 6.19
	21	和田毅	福岡ソフトバンクホークス	左／左	1981. 2.21
	24	藤川球児	阪神タイガース	右／左	1980. 7.21
	31	渡辺俊介	千葉ロッテマリーンズ	右／右	1976. 8.27
	40	大塚晶則	テキサス・レンジャーズ	右／右	1972. 1.13
	41	小林宏之	千葉ロッテマリーンズ	右／右	1978. 6. 4
	47	杉内俊哉	福岡ソフトバンクホークス	左／左	1980.10.30
	61	★石井弘寿	東京ヤクルトスワローズ	左／左	1977. 9.14
	61	馬原孝浩	福岡ソフトバンクホークス	右／右	1981.12. 8
捕手	22	里崎智也	千葉ロッテマリーンズ	右／右	1976. 5.20
	27	谷繁元信	中日ドラゴンズ	右／右	1970.12.21
	59	相川亮二	横浜ベイスターズ	右／右	1976. 7.11
内野手	1	岩村明憲	東京ヤクルトスワローズ	右／左	1979. 2. 9
	2	小笠原道大	北海道日本ハムファイターズ	右／左	1973.10.25
	3	松中信彦	福岡ソフトバンクホークス	左／左	1973.12.26
	7	西岡剛	千葉ロッテマリーンズ	右／両	1984. 7.27
	8	今江敏晃	千葉ロッテマリーンズ	右／右	1983. 8.26
	10	宮本慎也	東京ヤクルトスワローズ	右／右	1970.11. 5
	25	新井貴浩	広島東洋カープ	右／右	1977. 1.30
	52	川﨑宗則	福岡ソフトバンクホークス	右／左	1981. 6. 3
外野手	5	和田一浩	西武ライオンズ	右／右	1972. 6.19
	6	多村仁	横浜ベイスターズ	右／右	1977. 3.28
	9	金城龍彦	横浜ベイスターズ	右／両	1976. 7.27
	17	福留孝介	中日ドラゴンズ	右／左	1977. 4.26
	23	青木宣親	東京ヤクルトスワローズ	右／左	1982. 1. 5
	51	イチロー	シアトル・マリナーズ	右／左	1973.10.22
監督	89	王貞治	福岡ソフトバンクホークス	——	1940. 5.20
コーチ	88	弘田澄男	——	——	1949. 5.13
	87	大島康徳	——	——	1950.10.16
	86	鹿取義隆	——	——	1957. 3.10
	85	辻発彦	——	——	1958.10.24
	84	武田一浩	——	——	1965. 6.22

★は途中離脱

1st Round

JAPAN 18-2 CHINA
JAPAN 14-3 CHINESE TAIPEI
KOREA 3-2 JAPAN

［第1ラウンド総括］

最初の世界一決定戦は、手探りのまま始まった。

オリンピックでもワールドシリーズでもない。大会の格の高さも相手の本気の度合いもわからない。なにもかも手探りの大会である。どこに照準を合わせ、どうやって戦っていけばよいか、誰も答えを出しかねている中で大会がはじまった。日本の初戦の相手は中国。東京ドームの観客は1万5000人あまり。観客のほうも手探りで様子見していることが、空席の目立つスタンドによく表れていた。

国際試合はなにが起こるかわからない。聞き飽きたせりふを、しかし、日本は最初から嚙みしめることになる。先発のマウンドに立ったのは上原浩治。学生時代から国際大会で負け知らずのエースが、4回裏、はるか格下と思われた中国チームの6番打者に同点2ランを浴びた。上原の表情が凍りつく。ただ、この一発は、日本チームの目を覚ます格好の気付け薬だった。このあと打線が目覚めて毎回得点を重ね、8回コールドで大勝する。まずは順調な滑り出しである。

2試合目は台湾（チャイニーズタイペイ）。先発した松坂大輔は2回に連打で1点を失い、全体に投球数も多かったが、無難な投球で4回を投げきった。リリーフ陣も安定した投球。なにより打線の援護が大きかった。多村仁（現・仁志）の本塁打など15安打14得点で台湾を圧倒する。特に2安打2打点の西岡剛、2打点と巧みな犠打を成功させた川﨑宗則というパ・リーグの若い内野手の活躍が光った。

2試合つづけて二桁得点と、打線は好調に見えたが、相手が変われば簡単にはいかない。第1ラウンド最大のライバルと思われた韓国に対して、日本は1回、2回と点を重ね優位に試合を進める。最初のホームを踏んだのは西岡、2回の追加点は川﨑の本塁打。若い力が牽引する。先発の渡辺俊介も5回に1点を失ったが、役割は十分に果たした。

ここであと一押し、追加点があれば。観客も日本のベンチもそう思いながら見つめる展開になったが、韓国投手陣も2番手以降は力強い投球で、追加点どころか安打さえ許さない。

試合を動かしたのは一発だった。8回、李鍾範（イジョンボム）が中前打で出塁すると、つづく李承燁（イスンヨプ）が石井弘寿から右中間スタンドに強烈な2点本塁打を叩き込む。「韓国のイチロー」などと呼ばれ、ドラゴンズでプレーしながら今ひとつ力を発揮できなかった李鍾範、王貞治（日本代表の監督だ）のアジア本塁打記録を更新し、鳴り物入りでマリーンズに入団した李承燁。ともに日本と因縁浅からぬふたりの選手の力で、韓国が試合をひっくり返す。締めたのは朴贊浩（パクチャンホ）。韓国最初のメジャーリーガーで、ドジャースでは野茂英雄のチームメイトだった。韓国球界の国際派が力で日本をねじ伏せ、日本はアメリカ本土でのリベンジを誓うことになった。

（阿部珠樹）

1st Round

第1戦 3 March. Tokyo Dome

JAPAN	0 1 1 0 4 3 2 7 -	=18
CHINA	0 0 0 2 0 0 0 0 -	= 2

(8回コールドゲーム)

投(捕)手 [日本] ○上原、(S)清水 ー 里崎
[中国] 李晨浩、●趙全勝、卜濤、徐錚、李帥、李宏瑞、黄権ー王偉

本塁打 [日本] 西岡(趙全勝)、福留(趙全勝)、多村(徐錚)
[中国] 王偉(上原)

第2戦 4 March. Tokyo Dome

JAPAN	3 1 1 0 6 1 2 - -	=14
CHINESE TAIPEI	0 1 0 0 0 2 0 - -	= 3

(7回コールドゲーム)

投(捕)手 [日本] ○松坂、藪田、小林宏、藤川 ー 里崎、相川
[台湾] ●許竹見、陽耀勲、蔡英峰、許文雄、増菘瑋、黄俊中、郭泓志、陽建福 ー 葉君璋、陳峰民

本塁打 [日本] 多村(許竹見)

第3戦 5 March. Tokyo Dome

KOREA	0 0 0 0 1 0 0 2 0	= 3
JAPAN	1 1 0 0 0 0 0 0 0	= 2

投(捕)手 [韓国] 金善宇、奉重根、裵英洙、○具臺晟、(S)朴賛浩ー趙寅成
[日本] 渡辺俊、藤田、杉内、●石井弘、藤川、大塚 ー 里崎

本塁打 [韓国] 李承燁(石井弘)
[日本] 川﨑(金善宇)

	韓	日	台	中	勝	敗
韓国	―	○ 3-2	○ 2-0	○ 10-1	3	0
日本	● 2-3	―	○ 14-3	○ 18-2	2	1
台湾	● 0-2	● 3-14	―	○ 12-3	1	2
中国	● 1-10	● 2-18	● 3-12	―	0	3

格下の中国、台湾には大勝したが、ライバル韓国に不覚をとり、前途多難を思わせる幕開けとなった。以後韓国とは2大会にわたって、計8度の死闘を繰り広げることになる。

2nd Round
第1戦
2006年3月12日　アナハイム・エンゼルスタジアム

vs. U.S.A.

JAPAN 3-4 U.S.A.

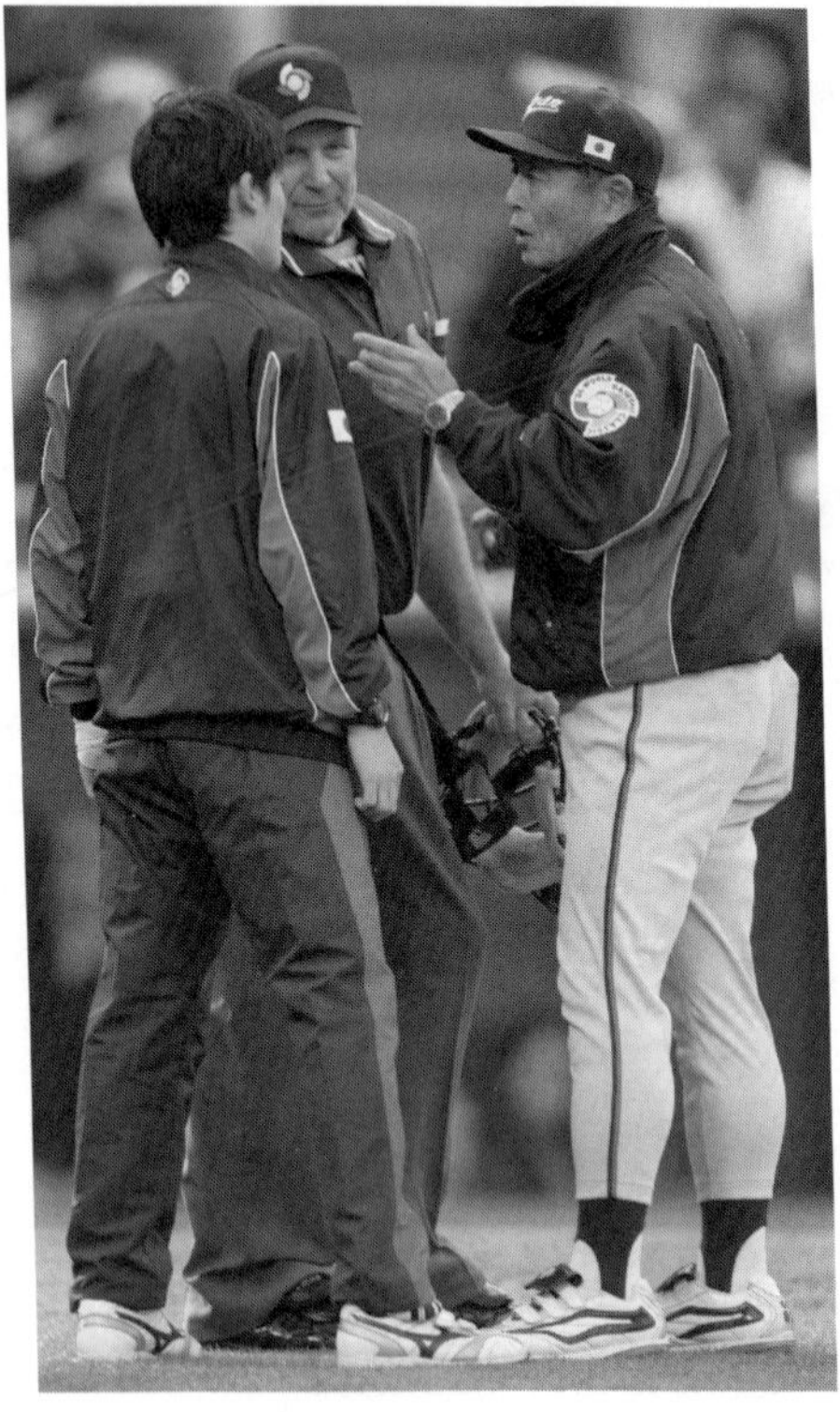

ベースボールの祖国で見た悪夢。

好ゲームを壊した世紀の大誤審。

ベースボールの祖国に乗り込んで、アメリカと対戦する。そして勝つ。大会前、日本代表が持っていたただひとつの明確な目標はこれだったのではないか。優勝を公言するのは現実味に欠ける。地元開催の優位も想像できる開催国に乗り込んで、メジャーリーグのスターで固めたアメリカを向こうにまわして、イチローと大塚晶則しかメジャーリーガーがいない日本代表が優勝するのはむずかしい。優勝はむずかしいまでも、せめて一太刀浴びせる。勝てないまでも相手にも観客にも驚きを与える試合をする。それが日本の目標だった。そのためにできる限りの準備をした。

上原浩治と谷繁元信のバッテリーは、その準備の周到さを存分に見せつけた。どこからでも本塁打の打てるアメリカ打線を、変化球を主体にかわす投球で打ち取る。それが試合前の大方の予想だった。しかし、実際にマウンドに立った上原は、要所でストレートを多投し、アメリカの裏をかく。初回、1死二塁のピンチでケン・グリフィー・ジュニアを打ち取った投球が典型だった。決め球はきわどいコースへのストレート。変化球を意識していたグリフィーは呆然と見送るしかなかった。チッパー・ジョーンズのソロ本塁打1本だけで5回を投げ終えた上原の投球は、アメリカベンチもアナハイム・スタジアムの観客もうならせるものだった。

打線はイチローが牽引した。日本ラウンドでは今ひとつだったが、この日はまるでアメリカへの宣戦布告のように初回の第1打席で右翼に本塁打を叩き込む。2回には四球、安打の走者をバントで送り、9番打者のタイムリーで還す日本らしい小技とつなぎの戦術で追加点を奪う。タイムリーはまたしても川﨑。

打線が少ないチャンスをものにして、投手が抑えて小差をしのぎきる。日本のゲームプランは5回までは完璧だった。6回、デレク・リーの2点本塁打で同点に追いつかれても、ベンチの士気は高く、反撃への意欲は衰えなかった。8回表、先頭の西岡が中前打で出る。四死球が加わって1死満塁の好機。6番の岩村明憲が左翼に飛球を打ち上げた。西岡がタッチアップから生還。勝ち越しだ。

しかし、歓喜はたちまち暗転する。主審のボブ・デイビッドソンは、西岡の離塁が早かったとするアメリカの抗議を受け入れ生還を認めず、併殺となって日本の勝ち越しは消されてしまった。王監督が猛抗議する。「世界の王」はアメリカでも知名度抜群で、サインを求めるファン、観客が引きもきらなかった。その伝説の男が、まなじりを決して抗議する。単なる親善試合ではない。試合の重さを実感させる場面だった。

結局抗議は容れられず、日本は9回裏、アレックス・ロドリゲスにサヨナラ安打を打たれて敗れる。上位進出には痛すぎる1敗だったが、ここでの「屈辱」が日本の大きなばねになっていく。

（阿部珠樹）

第1戦 12 March. Angel Stadium, Anaheim
2nd Round

日本はイチローの先頭打者ホームランで先制。序盤で3点をリードする。先発の上原も5回1失点で中継ぎ陣につなぐ。同点で迎えた8回、西岡の本塁タッチアップを主審がアウトと判定し、勝ち越しならず。逆に9回2死満塁から藤川がA・ロッドに打たれサヨナラ負け。

JAPAN			1	2	3	4	5	6	7	8	9
(右)	イチロー	(マリナーズ)	右本	三直			右飛		二ゴ		敬遠
(二)	西岡	(ロッテ)	中安		二ゴ		三振			中安	四球
(左)	多村	(横浜)	遊併		左安			三振		一邪	三振
捕	里崎	(ロッテ)									
(指)	松中	(ソフトバンク)	二ゴ		右飛			中飛		死球	
(中)	福留	(中日)		四球	三邪			遊ゴ		四球	
(三)	岩村	(ヤクルト)		左安		投ゴ			左安	左飛	
(一)	小笠原	(日本ハム)		捕ギ		右飛			三振		四球
(捕)	谷繁	(中日)		三振		三振			三振		
打左	青木	(ヤクルト)									三ギ
(遊)	川﨑	(ソフトバンク)		左安			中飛		中安		遊ゴ

残塁9　併殺2

			回数	打者	球数	安打	三振	四球	死球	失点	自責
上原	右	(巨人)	5	21	75	7	2	0	0	1	1
清水	右	(ロッテ)	1 1/3	8	28	3	1	1	0	2	2
藤田	左	(ロッテ)	1/3	1	5	0	0	0	0	0	0
薮田	右	(ロッテ)	1 1/3	4	15	0	3	0	0	0	0
●藤川	右	(阪神)	2/3	6	18	2	1	0	1	1	0

JAPAN	1 2 0 0 0 0 0 0 0 ＝ 3
U.S.A.	0 1 0 0 0 2 0 0 1x ＝ 4

U.S.A.			1	2	3	4	5	6	7	8	9
(二)	M・ヤング	(レンジャーズ)	二失		右安		左安		中安		投ゴ
(遊)	ジーター	(ヤンキース)	三安		遊併		三ゴ		一ギ		死球
(中)	グリフィー	(レッズ)	三振		右安		遊飛		右飛		三振
(指)	A・ロドリゲス	(ヤンキース)	三併		左安			三振	三振		二安
(三)	C・ジョーンズ	(ブレーブス)		中本	一ゴ			四球		一ゴ	
(一)	リー	(カブス)		三振		遊飛		左本		三振	
(捕)	シュナイダー	(ナショナルズ)		一ゴ		二ゴ		一ゴ			
打	デーモン	(ヤンキース)								三振	
捕	バレット	(カブス)									
(右)	ウェルズ	(ブルージェイズ)		左2		右飛		中安			遊安
(左)	ウィン	(ジャイアンツ)		中飛			中飛	三ゴ			三ギ

残塁10　併殺2

			回数	打者	球数	安打	三振	四球	死球	失点	自責
ピービ	右	(パドレス)	5	20	67	5	3	1	0	3	3
シールズ	右	(エンゼルス)	1	3	15	0	1	0	0	0	0
T・ジョーンズ	右	(タイガース)	2/3	3	17	1	2	0	0	0	0
フエンテス	左	(ロッキーズ)	1/3	2	8	1	0	0	0	0	0
ネーサン	右	(ツインズ)	1	5	18	1	0	1	1	0	0
○リッジ	右	(アストロズ)	1	6	24	0	1	3	0	0	0

［クローズアップ・キーマン］

西岡剛「試合に出られない仲間のために」

3対3の同点で迎えた8回表。ブーイングとUSAコールの中、西岡剛は先頭バッターとして打席に向かった。

「この声援は自分にきていると思って試合を楽しもう。試合に出られない仲間が大勢いる。自分は野球がやれるのだから幸せだ」

西岡はそう考えていた。そんな思いになったのは、ロッテで三遊間を組む今江敏晃のことが頭に浮かんだからだ。昨年の日本シリーズでMVPに輝き、ロッテを日本一に導いた今江が代表チームでは控えだった。1次リーグの中国戦で、勝利を決めるスリーランを放った西岡だが、センターから右方向へのバッティングが本来の持ち味。「自分は本塁打者じゃない。自分のバッティングをしないといけない」と戒めながらも、知らず知らずに大振りになっていた時、今江に指摘された。

「力んでいるから、ヘッドが下がり気味なんじゃないのかな」

忘れていた原点を思い出させてくれた今江の忠告を、西岡はありがたいと思った。

「今江さんは試合に出られない悔しさの中で、チームの勝利のために一生懸命に応援してくれてる」

そして、自分の役目を〝継ぎ役〟と改めて認識したのだった。

プレッシャーのかかる第1打席に放ったセンター前ヒットも西岡の気持ちを楽にしていた。センターを中心に右狙いのバッティングを心掛け、この打席も同じように相手投手ネーサンの速球をセンターに打ち返した。勝ち越したい日本は、3番・多村仁がバントを試みたもののファーストファウルフライで1死。流れがかわりかけた、4番・松中信彦への初球だった。西岡は好スタートを切って、二塁へ走った。

「自分には足という武器があるのだから、それを大いに使うべきだ。塁に出たら、常に走ることを考えていた」

西岡はWBCの大会に入って、初戦のアメリカ戦まで、4回盗塁して、3回成功している。「相手の投手のつま先を見れば、スタートのタイミングがわかる」という西岡はアメリカに来てから、グラウンドの硬い土に対応するために、スパイクの歯を5㎜ほど長くした。その結果、スタートが切りやすくなった。

王貞治監督がミーティングで語った「足にはスランプがない。スピードと切れを生かせ」という言葉も背中を押した。盗塁成功で1死二塁。西岡の盗塁でアメリカはリズムを狂わせた。松中は死球、5番・福留孝介も四球を選んで、1死満塁のチャンスを迎えた。6番・岩村明憲を打席に迎えた時、西岡に迷いはなかった。

「チャンスなんて滅多にない。内野ゴロでも外野フライでも何でも本塁突入をしよう」

岩村の打球は浅いレフトフライになった。辻発彦ベースコーチの「GO」の声を聞くより早くスタートを切った。西岡が本塁を踏んで、ベンチに戻った時、今江が我が事のように喜んで抱きついてきた。

エンゼルスタジアムが騒然となったのは直後のことだった。主審ボブ・デイビッドソンは西岡の離塁が早いとして、アウトを宣告したのだった。決勝点のはずが、ダブルプレーで日本の攻撃は終わった。

「なぜと思いました。小学生でも見たらわかるのに」

このままではどうしても気持ちが収まらなかった。

少しでも早く本塁へと気持ちが焦ったのか。

「何度もビデオを見たけれど、自分のスタートは間違っていないし、あのタイミングで今までアウトをとられたことはなかった。会心のランニングと今でも思っている」

足のスペシャリストとして、昨年パ・リーグの盗塁王になった西岡は積極的な走塁に特別の思いがある。今年の正月、西岡は母校・大阪桐蔭高校を訪ねた。恩師である西谷浩一監督から「次の塁を求めて、前へ前へという判断はどんな状況下でも間違いはない」と改めて言われている。西谷監督の教えは「どんな時でも、後ろを振り向くことなく突き進め」だった。西岡はその言葉通りに実行した。

西岡の気持ちを支えるもう一つの理由は、昨年の契約更改にあった。１７００万だった年俸が一気に3倍に跳ね上がったのだ。

「一番プレッシャーがかかる場面で、一番相手にプレッシャーをかけてくれたから」というボビー・バレンタイン監督の肝煎りの査定だった。

大事な初戦を落とした日本。王監督は「同点の場面で苦しいところで盗塁を成功してくれた。あのタッチアップを責められない」と西岡の走塁を擁護した。

「気分転換は早い方だし、一晩寝れば前向きになれる。でも、もう一度、同じ場面があったらば、また同じように走ってみたい」

西岡は今でも自分の走塁を信じている。そして、そんな西岡の背には試合に出られない今江や他のメンバーたちの後押しがある。


（永谷脩）

Asahi

犠飛で生還する西岡。だが、主審の視線はレフトに向いていた。

2nd Round
第2戦
2006年3月14日　アナハイム・エンゼルスタジアム

vs. MEXICO

JAPAN 6-1 MEXICO

投げるべき者が投げ、打つべき者が打つ。

ようやく取り戻した本来の姿。

第2ラウンドの対戦相手の中で、メキシコは比較的戦いやすい相手と見られていた。全員がメジャーのスターというわけではなく、国内リーグでプレーする選手もいたし、メジャーの選手も盛りを過ぎたと思われる選手が少なくなかった。ビッグネームに圧倒されそうなアメリカ、日本を知り尽くし、尋常ならざる闘志を燃やしてくる韓国に比べると楽な相手ではないか。しかし、戦いやすいということは、絶対に負けられない相手ともいえる。しかもアメリカ戦で負けた日本は、この試合を落とすと、準決勝進出は消える。がけっぷちの試合とさえ考えられた。

その落とせない試合のマウンドに立ったのは松坂大輔だった。松坂は力みかえっているときよりも、どこか力が抜けて見えるときのほうがいい結果が出る。この日の松坂は立ち上がりから軽く投げているように見えたが、逆にボールはよく伸びていた。力は抜けているが、かといって小手先でかわすのではなく、変化球よりもストレートを多投し、メキシコ打線を圧倒した。1回、ホルヘ・カントゥに許した左前打が唯一の被安打で、ほかに四球をふたつ出しただけで5回を投げきった。ほぼ完璧な投球といってよかった。

この松坂の投球に励まされるように、打線も活発な動きを見せる。4回、ふたりの走者をバントで進め、7番の小笠原道大が右翼に2点タイムリーを放って先制すると、つづく里崎智也は持ち前の思い切りのよいスイングで右中間に豪快な2ランを打ち込んだ。小技で崩して突破口を開き、集中打でたたみかける。仕上げは本塁打。王監督の描く青写真通りの攻撃だった。

5回には多村仁のタイムリー、9回にはイチローのタイムリーが出て、中押し、だめ押しも抜かりなく、この日の打線は頼もしかった。

松坂のあとを受けた投手陣も、みな隙がなかった。2番手の和田毅は2回を簡単に片づけた。失点は、8回の先頭打者に喫したソロ本塁打だけ。それも試合の帰趨がほぼ決したあとのもので、大勢には影響がなかった。

大勝した1次リーグの試合も含め、内容では、この試合がここまでで最高のものだった。大会の雰囲気にも慣れ、緊張感も薄れて、選手の動きにものびのびしたものが感じられるようになった。

アメリカ戦の不可解な判定による敗北の傷は完全にいえたわけではなかったが、がけっぷちから押し返し、勝ってつぎのステップに進む足がかりを得たことで、日本ベンチの士気は確実に高まった。

(阿部珠樹)

第2戦 14 March. Angel Stadium, Anaheim
2nd Round

先発の松坂は力強い速球を武器に5回を無失点、被安打1の完璧な投球。2回、3回とチャンスをつぶした日本は4回、1死二、三塁から小笠原がタイムリー。里崎の2ランで試合の流れを引き寄せた。6回から登板の和田も2回無失点の好投。最後は守護神大塚が締めた。

JAPAN		1	2	3	4	5	6	7	8	9
(右) イチロー	(マリナーズ)	三ゴ		捕ギ	中安		投ゴ			右安
(二) 西 岡	(ロッテ)	二ゴ		投ゴ	一ゴ			中飛		四球
(中) 福 留	(中 日)	二ゴ		二ゴ		一安		右飛		右飛
(指) 松 中	(ソフトバンク)		四球		左安	右安		遊ゴ		一ゴ
(三) 岩 村	(ヤクルト)		中安		四球	二ゴ			二ゴ	
(左) 多 村	(横 浜)		捕併		捕ギ	中安			三ゴ	
(一) 小笠原	(日本ハム)		一ゴ		右安	三振			三振	
(捕) 里 崎	(ロッテ)			右安	右本		捕邪			右安
(遊) 川 﨑	(ソフトバンク)			中安	左飛		一ゴ			三ギ

残塁7 併殺2

		回数	打者	球数	安打	三振	四球	死球	失点	自責
○松 坂 右	(西 武)	5	17	73	1	2	2	0	0	0
和 田 左	(ソフトバンク)	2	7	26	1	1	0	0	0	0
藪 田 右	(ロッテ)	1	4	15	1	1	0	0	1	1
大 塚 右	(レンジャーズ)	1	4	13	0	0	1	0	0	0

JAPAN	0 0 0 4 1 0 0 0 1 = 6
MEXICO	0 0 0 0 0 0 0 1 0 = 1

MEXICO		1	2	3	4	5	6	7	8	9
(中) L・C・ガルシア		二ゴ		三ゴ			中飛		三振	
(二) カントゥ	(デビルレイズ)	左安		三振			三ゴ			四球
(三) カスティーヤ	(パドレス)	中飛			中飛		三ゴ			三失
(指) デュラゾ	(レンジャーズ)	中飛			三邪			三振		中飛
(左) L・A・ガルシア			右飛		右飛			遊直		遊併
(一) A・ゴンザレス	(パドレス)		四球			二ゴ		遊ゴ		
(捕) オヘダ	(ロッキーズ)		三振			四球			左本	
(右) バレンズエラ			中飛			三併				
打右 クルーズ	(パドレス)								三邪	
(遊) カストロ	(ツインズ)			二ゴ			左安		二ゴ	

残塁4 併殺1

		回数	打者	球数	安打	三振	四球	死球	失点	自責
●ロアイザ 右	(アスレチックス)	4	20	75	7	0	2	0	4	4
レイエス 左	(ツインズ)	1	5	14	3	1	0	0	1	1
オルテガ 右		2	6	24	0	0	0	0	0	0
オスーナ 右		1	3	16	0	1	0	0	0	0
アヤラ 右	(ナショナルズ)	1	6	17	2	0	1	0	1	1

[クローズアップ・キーマン]

里崎智也「怪物を覚醒させた決断」

里崎智也は、イケイケのリードをするのだという。

「そんなことないですよ。みんながそう言ってるのは他の人がそういうリードをしないからであって、僕にとってはこれが普通のリードなんですから」

里崎は強気に言い放った。

負けたら準決勝進出の可能性はゼロになるという、第2ラウンドのメキシコ戦。試合前、里崎は先発の松坂大輔に対してこう言った。

「もしサインが合わなかったら、クビ振ってくれていいからな」

しかし結果的に松坂はこの日、里崎から出た73回のサイン、すべてにうなずいてボールを投げた。松坂は違うと思ったら平気でクビを振るタイプのピッチャーである。その松坂が気持ちよくストレートを投げて、絶妙のタイミングで変化球を使い、メキシコ打線を完璧に封じ込めた。

圧巻は、2回だった。

この試合、松坂にとっては唯一のピンチとも言える1死三塁。フォアボールで歩かせたエイドリアン・ゴンザレスが一塁を飛び出し、里崎が状況を読みながら二塁へ送球。せっかく一、二塁間にランナーを挟みながら、セカンドの西岡剛が悪送球をして、ゴンザレスを一気に三塁まで進めてしまった。

どうしても先制点をやれない場面。ここで二人のバッターと対峙した松坂に対して、里崎はなんと、10球続けてストレートを要求したのである。そして、7番のミゲール・オヘダをインハイのストレートで空振り三振、8番のマリオ・バレンズエラをインコース、真ん中やや内よりに来た低めのストレートでセンターフライに打ち取って、無失点で切り抜けた。里崎はこの場面をこう振り返る。

「ストレートだけでいったのは、それで抑えられると思ったからです。あの日は力強いまっすぐが来ていましたし……スライダー？　そんなの、思わないですよ。だってストレートで打たれないんだから、そんなの挟む必要はないでしょう。そもそも変化球だから打たれないという発想が僕にはわからないんです。彼がいいピッチャーだというのは誰もが知ってることだし、大輔の一番いい球をどんどん投げさせて、バッターに向かっていった方が彼の持ち味が出るでしょ。それが抑えるための一番の近道だと思いましたから」

マウンドの松坂も、里崎から立て続けに出るストレートのサインに、内心驚いていた。

「オヘダの時はともかく、バレンズエラにはどこかでスライダーのサインを挟んでくるだろうなと思っていたんですけど、最後までストレートばっかりで、僕もビックリしました。ホント、里崎さんって、度胸があるというか、無謀というか……」

松坂はそう言って笑った。しかし、この日の松坂は本当に気持ちよさそうに投げていた。理由は二つあった。

一つは里崎の決断が早く、いいテンポでサインが出てくるため、松坂のピッチングにリズムが生まれたこと。もう一つは、自分のストレートを信頼してもらっていることを松坂が里崎のリードから感じ取ったからだった。里崎は言う。

「ホントですか？　それで大輔が気持ちよく投げてくれたんならよかったです。ストレートが打たれないんだから、変化球が頭をよぎることすらなかった。だって、打たれないんだから、投げる必要がないですよ」

配球を英語では〝location〟と表現する。どの位置に、どの順番で、どの球種を置いていくか。それが〝配球〟の常識だ。しかし、配球の常識にとらわれず、次の一球だけを考えた場合、この日の松坂のストレートには絶対的な力があるのだから、打者の腕が伸びないインコースにさえ来れば空振りかポップフライに打ち取れる——1死三塁の場面だからこそ、里崎はそう考えた。せっかくいい感じでストレートを投げているのに、一球でも変化球を挟むことでその次のストレートに感覚的なズレが生じるかもしれないというミクロなリスクまで考えて、里崎は松坂にストレートを要求し続けたのである。そう考えると、確かに彼のリードはイケイケなんかではない。

「(リードが)単調にならないように、相手のバッターの感じを見極めて、まっすぐに合っていないのか、変化球に合っているのかを確かめながら丁寧にやったつもりです」

松坂も里崎の言葉を裏づけた。

「確かにカントゥには外の変化球が多かったですね」

改めて里崎が松坂に要求した〝配球〟を眺めてみると、2番のホルヘ・カントゥには他のバッターとは違った傾向が表れていた。昨シーズン、デビルレイズで・286、ホームラン28本、117打点をマークした24歳のカントゥに対して、里崎は11球のうち6球も変化球を要求していたのだ。松坂への信頼と、迷いのない決断力。そこに細心というスパイスを効かせたこの日の里崎のリードは、エステバン・ロアイザから打った2ランホームランよりも、遥かに強い光を放っていた。

(石田雄太)

イチローはきっちり２安打。チームの精神的支柱は、やはりこの男。

第1ラウンドから5試合目にして、ようやく日本らしさを見せた。

2nd Round
第3戦
2006年3月15日　アナハイム・エンゼルスタジアム

vs. KOREA

KOREA 2-1 JAPAN

韓国の気迫の前に、致命的な敗戦を喫す。

夢は潰えたかに思われた。

東京での第1ラウンドでは、序盤から試合が動き、日本が1回、2回に得点したが、2度目の対戦のここは、お互い走者を出しながらなかなか迎え入れることができない重苦しい展開になった。

日本の先発は東京の韓国戦と同じ渡辺俊介。韓国には渡辺をぶつけるというのが、大会前の情報収集と分析で得た日本チームの結論だった。渡辺は緊張感から3つの死球を与えるなど不安定だった初戦に比べると、この日ははるかに落ち着いて安定した投球を見せた。6回を投げて被安打はわずかに1本、ほかに四球をふたつ出したが、唯一のピンチといえる2回の2死一、二塁では、気迫を前面に押し出して三振で切り抜けた。

だが、このみごとな投球に打線が応えきれない。韓国の先発は韓国人メジャーリーガー第一号の朴贊浩（パクチャンホ）だった。かつては160キロ近い速球で打者を圧倒した朴だが、全盛期の球威はない。その朴を日本打線は攻めあぐねた。1回、2回と先頭打者が安打で出塁しながら得点できない。1回はクリーンアップにあと一本が出ず、2回は2死二塁で安打が出ながら、右翼の好返球で生還を阻まれた。不安定な朴を攻め切れなかったこの攻撃がのちに響いてくる。

こう着状態がつづいた試合が動いたのは8回だった。ほぼ沈黙をつづけていた韓国打線が、2イニング目に入ったリリーフ杉内俊哉にくらいつく。1死から9番打者が四球で出塁すると、1番打者が安打でつづく。走者がふたりたまったところで2番の李鍾範（イジョンボム）

が決めた。中越え二塁打でふたりを還す。東京で逆転のきっかけを作った李が再びの殊勲打。李の、この大会、そして日本戦にかける意気込みがはっきり伝わる一打だった。

敗れれば、ほぼ準決勝進出が消える日本は、その事実の重さに、本来の動きを失っているように見えた。9回、西岡剛が左翼スタンドにソロ本塁打を打ち込むが、迎えるベンチに笑顔はまったくない。1死後、4番の松中信彦が右前打で出て反撃を期待する声援が高まるが、それを圧するような韓国応援団の「テーハミング」の大合唱を背に、クローザーが代打新井貴浩、多村仁を連続三振に打ち取って試合を決めた。

韓国チームは勝利が決まると、マウンドに集まり、太極旗をマウンドに立てた。国際試合のマナーの点からすると、ほめられた行為とはいえなかったが、その喜びの深さはよくわかった。その様子をうなだれながら眺め、帰り支度をする日本チームの中で、ひとり、イチローがグラウンドに背を向け、なにごとか叫んだ映像がカメラに映し出された。この時点で、日本の準決勝進出の可能性は皆無に思われた。

（阿部珠樹）

第3戦 15 March. Angel Stadium, Anaheim
2nd Round

2回、ヒットの岩村が二進。里崎のライト前ヒットで本塁を突くが好返球でアウト。韓国は8回、四球のランナーがヒットで三塁へ。タイミングはアウトだったが今江が落球し、1死二、三塁。李鍾範の2点タイムリーで先制する。日本の反撃は1点どまりで絶望的な2敗目。

KOREA		1	2	3	4	5	6	7	8	9
(左) 李 炳圭	(LG)	二飛		一ゴ			右飛		中安	
(中) 李 鍾範	(起亜)	遊ゴ		遊ゴ			二ゴ		中2	
(一) 李 承燁	(巨人)	四球		遊ゴ			右飛		遊飛	
(指) 崔 熙渉	(ドジャース)	三飛			三邪					
打指 金 泰均	(ハンファ)							四球		
走指 金 在杰	(サムスン)									
打指 朴 龍沢	(LG)									左飛
(右) 李 晋暎	(SK)		投ゴ		三ゴ			投ギ		中飛
(三) 李 杌浩	(ハンファ)		三振		左飛			左飛		
三 鄭 成勲	(現代)									三ゴ
(遊) 朴 鎮万	(サムスン)		四球			三振		一邪		
(捕) 趙 寅成	(LG)		右安			投ゴ			三ゴ	
(二) 金 敏宰	(ハンファ)		三振			遊ゴ			四球	

残塁4　併殺1

		回数	打者	球数	安打	三振	四球	死球	失点	自責
朴 贊浩 右	(パドレス)	5	17	66	4	3	0	0	0	0
全 炳斗 左	(起亜)	2/3	3	8	0	0	1	0	0	0
○金 炳賢 右	(ロッキーズ)	1 2/3	6	22	0	2	1	0	0	0
具 台晟 左	(ハンファ)	1	5	22	2	0	0	0	1	1
S呉 昇桓 右	(サムスン)	2/3	2	10	0	2	0	0	0	0

KOREA	0	0	0	0	0	0	0	2	0	= 2
JAPAN	0	0	0	0	0	0	0	0	1	= 1

JAPAN		1	2	3	4	5	6	7	8	9
(右) イチロー	(マリナーズ)	中安		三振			三ギ		中飛	
(二) 西 岡	(ロッテ)	二ゴ		二ゴ			遊ゴ			左本
(中) 福 留	(中日)	三振			三振					
打中 金 城	(横浜)						四球			遊ゴ
(指) 松 中	(ソフトバンク)	三ゴ			中安		二ゴ			右安
走指 青 木	(ヤクルト)									
(三) 岩 村	(ヤクルト)		投安							
三 今 江	(ロッテ)				二併			三振		
打 新 井	(広島)									三振
(左) 多 村	(横浜)		三ゴ			遊ゴ		左飛		三振
(一) 小笠原	(日本ハム)		遊飛			一ゴ		三振		
(捕) 里 崎	(ロッテ)		右安			中飛			二直	
(遊) 川 﨑	(ソフトバンク)			左飛			四球		遊邪	

残塁5　併殺0

		回数	打者	球数	安打	三振	四球	死球	失点	自責
渡 辺 右	(ロッテ)	6	21	74	1	3	2	0	0	0
●杉 内 左	(ソフトバンク)	1 1/3	7	26	1	0	2	0	2	2
藤 川 右	(阪神)	2/3	2	6	1	0	0	0	0	0
大 塚 右	(レンジャーズ)	1	3	9	0	0	0	0	0	0

[クローズアップ・キーマン]

藤川球児「失われた余裕」

ゲーム開始とともに藤川球児は大塚晶則らのリリーフ陣とともにブルペンに向かった。エンゼルスタジアムのブルペンはレフトの外野席の近くにある。ブルペンでは、韓国の応援が聞こえてきた。その激しさは、甲子園以上だった。背には、いつも温かい阪神の応援しか知らない藤川には「半端じゃない」と映った。

先発は、1次リーグの韓国戦と同じ渡辺俊介だった。渡辺は6回を1安打無失点の完璧なピッチングで役割を果たす。しかし、打線にあと一本がでない。0対0のまま、7回から杉内俊哉がマウンドに上がった。先頭バッターをいきなり四球で歩かせてしまうと、ブルペンの電話が鳴った。ベンチの鹿取コーチからの電話を受けた武田コーチは藤川と左の藤田宗一にアップを命じた。

甲子園でもよく見掛ける光景が始まった。キャッチャーを立たせて10球、座らせて17球、これが藤川の調整だった。杉内は1死を取ると、落ち着きを取り戻し、後続を打ち取った。

8回表、四球とヒットにエラーがからんで、1死二、三塁のピンチを迎えた。再び、ブルペンの電話が鳴った。

「三振が取れる速い球が投げられる」（鹿取コーチ）との理由で、藤川に指名がかかった。

「前回に打たれた嫌な思いを払拭するには、まずストライクを取ること。次に1死を取ることが大事。思い切り腕の振れる速い球を選択した」

というキャッチャー里崎智也のリードの通り投げ込んだストレートが、ボールになる。続く2球目も高めに外れる。3球目、ストライクを取りに行ったストレートを李鍾範（イジョンボム）は強振、ネットに当たる強烈なファールだった。

「振れているなと思ったけど、フォークが抜けての暴投が怖い」

そう判断した里崎は、藤川にストレートを要求する。だが、日本野球を知る元中日の李はストライクをとりにきた球を見逃さなかった。左中間を破る2点タイムリーを打たれ、結局、これが決勝点になった。

日本を出発する時から、藤川はバッグにWBCの使用球を入れ、持ち歩いていた。すべりやすい表皮に少しでも慣れるために、常に持ち歩き、寝るときも握ったままにすることがあった。だが、日本で使っている球にはない違和感を感じていた。

「フォークが抜けやすく不安になった」というのだ。李がファールの後、藤川の速球に対応するためにバットを一握り短くしたことを感じていながら、あえてストレートで勝負したのは、変化球への不安からではなかったか。

藤川はアメリカに来てから、ずっと好調を続けてきた。

「明るい空と天然芝の緑、こっちで野球をやりたくなる選手の気持ちはわかります」

2次リーグ直前のキャンプ地ピオリアでそう語るほどの余裕があった。

風向きが変わったのは、2次リーグの初戦、アメリカ戦からだった。

外野席の近くに二段になって作られているブルペンの上段から見ると、エンゼルスタジアムのフィールドは実に美しい。試合前、「あれがメジャーのマウンドか」と見下ろす松坂大輔らとは対照的に、藤川は「メジャーのマウンドの土は硬いのかな」と思った。余裕が消えていた。

アメリカ戦では、同点で迎えた9回裏に出番がきた。藤川はいきなり連打を浴びる。送りバントを三塁で封殺したものの、ジーターにデッドボールを与え、1死満塁のピンチを招く。続くケン・グリフィー・ジュニアには2―3から速球勝負を挑んで三振。続くアメリカの4番アレックス・ロドリゲスにも、あくまで力勝負を挑んでいった。結果は二遊間への安打で、サヨナラ負けを喫した。

しかし、藤川にあまり暗さは見られなかった。決して「力負けはしていなかった」からだ。受ける里崎も「ストレートは十分に三振が取れる」と感じていた。

ところが、韓国戦のマウンドでは、そのストレートをきれいに打たれてしまった。韓国戦では悔いだけが残った。

「国を代表して来ているのに申し訳ない」

と頭を下げた藤川。ポツリとこう漏らした。

「攻める気持ちではなく、ストライクを取りに行ったことに悔いが残る」

敗戦を背負う形になった藤川は、アメリカ対メキシコ戦を自室で観戦していた。アメリカが敗れ、日本の準決勝進出が決まると思わずバンザイをした。

アメリカ戦の後、食事に出かけた時「グリフィーやA・ロッドの迫力はどうやった」と阪神の同僚、久保田智之が聞いてきた。「すごい迫力やでえ」と返した藤川に、久保田は「俺も投げてみたかったな」とうらやましそうに言った。メジャーの大スターと真剣勝負をした数少ない一人であったことは間違いない。ただ、藤川はそれが今、言える言葉でないこともわかっている。

「自分の大事な財産になるという言葉は勝った時に言える」


（永谷脩）

8 回、センター金城の返球をサード今江が落球。ピンチが広がる。

2nd Round

第2ラウンド1組

	韓	日	米	メ	勝	敗
韓国	—	○ 2-1	○ 7-3	○ 2-1	3	0
日本	● 1-2	—	● 3-4	○ 6-1	1	2
米国	● 3-7	○ 4-3	—	● 1-2	1	2
メキシコ	● 1-2	● 1-6	○ 2-1	—	1	2

アメリカ、韓国に敗れて1勝2敗となった時点で日本の準決勝進出は絶望的。ところが、すでに敗退の決まっていたメキシコがアメリカを破ったため、奇跡的な2位通過となった。

第2ラウンド2組

	ド	キ	ベ	プ	勝	敗
ドミニカ共和国	—	○ 7-3	○ 2-1	● 1-7	2	1
キューバ	● 3-7	—	○ 7-2	○ 4-3	2	1
ベネズエラ	● 1-2	● 2-7	—	○ 6-0	1	2
プエルトリコ	○ 7-1	● 3-4	● 0-6	—	1	2

実力伯仲の中南米4国が激突。すべての国が1勝1敗で並んだが、投手戦でベネズエラを下したドミニカと、アウェーでプエルトリコに競り勝ったキューバが準決勝に進出した。

［第2ラウンド総括］
行き着くところは「士気」だった。

テーマは「士気」だった。1次、2次リーグ合わせて6試合を戦った日本のベストゲームは、1点差で敗れたアメリカ戦だった。この日の日本チームは、ほぼゲームプランどおりに試合を進め、大本命のアメリカをあと一歩のところまで追い詰めた。主審のボブ・デイビッドソンの愛国心に満ちたインチキ判定（米国紙でさえはっきり間違っていたと評した）がなければ、勝ち越し点を奪い、勝利していただろう。

アメリカ戦で先発マスクをかぶったのは谷繁元信である。上原浩治とのセ・リーグコンビは、相手に関係なく自分の持ち味を出そうとする投球よりも、相手の特徴をよく研究し、弱点を突く投球を選び、1次リーグ終盤から調子を上げてきていた米国打線を5回1失点に抑えこんだ。上原の投球はストレートでカウントを整え、フォークで打ち取るというのが基本である。しかし、この日は、それにこだわらず、追い込んでからもストレートで勝負する場面が多く見られた。米国の3、4番を打つグリフィー・ジュニア、

A・ロドリゲスは低めを掬い上げるのがうまく、しかもそれが長打になる。反面、近めのストレートには難があるし、なにより、開幕前のこの時期には速い球に目が慣れていない。それを考えた組み立てがみごとだった。打線も、四球にシングルヒットとバントをからめる「スモールボール」で勝ち越し点を奪い、優位に試合を進めた。8回の幻の勝ち越し点にしても、やはり盗塁と四死球をからめて犠飛で取ったものである。

2次リーグ、準決勝でアメリカと戦い、勝つ。勝てないまでも日本の野球の精髄を示す試合を演ずる。それがこの大会に臨む日本チームの基本的な姿勢であり、目標だった。結果的に敗れたとはいえ、ベストゲームになったのは当然だったといえる。準決勝進出はその「ご褒美」だろう。

アメリカ戦の日本がグッドルーザーだったのに対し、1次リーグ、2次リーグと連敗した韓国戦の日本は、グッドルーザーとはいえなかった。スコア上は1点差で、ともに8回に点を奪われるまでは互角以上の戦いをしていたので、形の上では惜敗である。たしかに投手陣はよく投げた。3失点、2失点だから、投手の責任ではないともいえる。しかし、詰めの甘さは指摘しておくべきだろう。たとえば2次リーグの8回、2失点のきっかけになったのは9番打者への四球である。1死を取ったあと9番打者を歩かせてピンチを作ってしまった杉内俊哉は、前の回も先頭打者を歩かせていた。それを無失点で切り抜けていたのだから、この回は打順からいっても、もっと楽に行けるはずだった。

タイムリー安打を許した藤川球児にしても、ストレートねらいのカウントに正直にストレートで勝負に行って、甘くなって打たれた。

1次リーグの決勝本塁打は李承燁（イスンヨプ）、2次リーグのタイムリーは李鍾範（イジョンボム）と、ともに日本でのプレー経験を持つ選手である。そのふたりに打たれたことは、日本チームのデータの蓄積よりも、韓国チームのそれのほうが上回っていた証拠だろう。

日本がアメリカだけを見ていたとき、韓国は米国と日本のふたつを見据えていた。去年の秋、韓国チームの投手コーチを務める宣銅烈（ソンドンヨル）の人なつこい丸顔を日本の球場で何度も見かけた。情報収集に怠りはなかったのだ。日本代表のスタッフの何人が韓国の試合に足を運び、アメリカでプレーする韓国人プレーヤーを生で見たのだろう。

昨秋のアジアシリーズで、千葉ロッテマリーンズが圧勝したように、日本の野球はアジアで抜きん出ているというのが一般的なイメージだ。だから韓国は、まず日本を叩き、アジアのトップとしてアメリカと戦うという目標を立て、メジャーリーガー全員を招集し、十分に情報を集めてこのシリーズに臨んでいた。アメリカ戦ほどの士気で臨めなかった日本との差は、結果にはっきり現れた。

身びいき判定に嫌気がさして、自ら舞台を去った感のあるアメリカのことも考え合わせると、国際試合での士気ということを考えずにはいられない予選リーグだった。

（阿部珠樹）

Semifinal
準決勝

2006年3月18日　サンディエゴ・ペトコパーク

vs. KOREA

JAPAN 6-0 KOREA

連敗を帳消しにした、大一番での快勝劇。

主力選手の覚醒と指揮官の決断。

ほぼあきらめかけていた準決勝進出。メキシコの予想を超える奮闘で奇跡的にチームは生きながらえることができた。相手は2度負けている韓国。マウンドに立てられた相手国の国旗の印象はなお生々しかった。当然、日本チームの士気は高かった。

全員が充血したような目で臨んだ試合、マウンドに立ったのは上原浩治だった。ここまでの2試合も2本の本塁打を打たれただけと、安定した投球を見せてきたが、この日の上原はそれまでの試合をはるかにしのぐ、まったく隙のないみごとな投球を見せた。

上原の身上は制球力である。ボール1個分の出し入れで相手を翻弄する。その持ち味は、この日、ボール半個分の精緻さにまで磨き上げられていた。決め球のフォークボールをコーナーぎりぎりに投げ込む。ストレートの速さが140キロを大きく超えることはなかったが、その一見すると球威のないストレートは手を出すか出さないか、打者が永遠に迷いつづけるような微妙なコースを通過してゆく。

三振の山を築くタイプではない上原が、7回を投げて8個の三振を奪ったのは、芸術的なコントロールの成果だった。7回を投げきり、被安打わずかに3、もちろん四死球はひとつも与えず、得点圏に走者が進んだのは一度きりだった。

しかし、これだけみごとな投球を上原が見せたことが、かえって日本打線の振りを硬いものにしていたともいえる。この日はイチローを3番に入れて、ポイントゲッターとしての役割を期待していた。しかし、イチローは6回まで3度打席に立ったが、走者を置いた打席は一度もなかった。もどかしい攻めは6回までつづいた。

だが、7回、待ちに待った爆発が訪れる。口火を切ったのは4番の松中信彦だった。大試合に弱いといわれ、この大会も中軸を任されながら、思ったような活躍ができなかった松中が右翼線の二塁打で出る。二塁へのヘッドスライディングがチームを活気づけた。ここで王貞治監督が動く。1死後、不調で先発を外れていた福留孝介を代打に起用したのだ。福留は期待に応えて右翼に2点本塁打を叩き込んだ。福留は先発を外れたあとも、感覚を取り戻そうと必死の練習をつづけていた。そこからのぞいたわずかな上昇の気配を、王監督は見逃さなかった。

それからあとは、過去2試合分の借りを一気に返すような連打、集中打になった。里崎智也の二塁打、代打宮本慎也のタイムリー、そしてついにイチローにもタイムリーが出てこの回一挙に5点を挙げる。8回には多村仁のソロ本塁打が出て、リリーフ陣も危なげなく韓国を抑えきり、完封で決勝進出を決めた。昼間の試合ではキューバが決勝進出を決めていたが、この試合の戦いぶりは世界一が手の届くところにあることを強く感じさせた。


（阿部珠樹）

準決勝 18 March. PETCO Park, San Diego
Semifinal

0進行の均衡が崩れたのは7回、先頭の松中が二塁打を放つと、今大会不振をかこっていた代打福留の一振りはライトスタンドへ飛び込む2ラン。この回一気に5点を奪い、8回にも多村のソロでリードを広げた。投げては上原が完璧な投球を見せ、藪田、大塚とつないで完勝。

JAPAN			1	2	3	4	5	6	7	8	9
(中)	青木	(ヤクルト)	投ゴ		四球			左飛			
打三	宮本	(ヤクルト)							左安		三ゴ
(二)	西岡	(ロッテ)	三振		三直			二ゴ	右安		遊ゴ
(右)	イチロー	(マリナーズ)	右安			二安		遊ゴ	左安		三邪
(指)	松中	(ソフトバンク)	三ゴ			三邪			右2 二ゴ		
(左)	多村	(横浜)		遊ゴ		左飛			三振	左本	
(三)	今江	(ロッテ)		三ゴ		中飛					
打中	福留	(中日)							右本	左飛	
(一)	小笠原	(日本ハム)		右飛			左飛		死球	三邪	
(捕)	里崎	(ロッテ)			遊ゴ		中飛		左2	中安	
(遊)	川崎	(ソフトバンク)			右2		二ゴ		二ゴ	三振	

残塁6　併殺0

	回数	打者	球数	安打	三振	四球	死球	失点	自責
○上原 右 (巨人)	7	24	86	3	8	0	0	0	0
藪田 右 (ロッテ)	1	5	12	1	1	0	1	0	0
大塚 右 (レンジャーズ)	1	4	24	0	3	1	0	0	0

	1	2	3	4	5	6	7	8	9	
JAPAN	0	0	0	0	0	0	5	1	0	＝6
KOREA	0	0	0	0	0	0	0	0	0	＝0

KOREA			1	2	3	4	5	6	7	8	9
(左)	李 炳圭	(LG)	左飛		三ゴ			三振		中安	
(中)	李 鍾範	(起亜)	中2			左邪		三ゴ		遊飛	
(一)	李 承燁	(巨人)	三振			右飛			三振		三振
(指)	崔 熙渉	(ドジャース)	一ゴ			中飛			三振		四球
走指	宋 志晩	(SK)									
(右)	李 晋暎	(SK)		二ゴ			中飛		中安		三振
(三)	李 机浩	(ハンファ)		二ゴ			三振				
三	鄭 成勲	(現代)							三振		三振
(遊)	朴 鎮万	(サムスン)		三振			中安				
打二	朴 龍沢	(LG)								右飛	
(捕)	趙 寅成	(LG)			三振		中飛				
打	洪 性炘	(斗山)								死球	
走	金 在杰	(サムスン)									
捕	陳 甲龍	(サムスン)									
(二遊)	金 敏宰	(ハンファ)			右飛			遊ゴ		三振	

残塁6　併殺1

	回数	打者	球数	安打	三振	四球	死球	失点	自責
徐 在応 右 (ドジャース)	5	18	56	3	1	1	0	0	0
●全 炳斗 左 (起亜)	1	4	15	1	0	0	0	1	1
金 炳賢 右 (ロッキーズ)	1/3	4	13	2	1	0	1	3	3
奉 重根 左 (レッズ)	1/3	1	2	0	0	0	0	0	0
孫 敏漢 右 (韓国ロッテ)	1/3	4	10	3	0	0	0	1	1
裵 英洙 右 (サムスン)	1	5	15	2	1	0	0	1	1
呉 昇桓 右 (サムスン)	1	3	9	0	0	0	0	0	0

［クローズアップ・キーマン］

福留孝介「無心が生んだ開眼の一撃」

「よくなっているね」

王貞治監督が福留孝介の姿を見て、こう漏らしたのは、準決勝の前日だった。準決勝までの6試合で19打数2安打。1番イチロー、2番西岡剛が好調なだけに、3番の不振はブレーキになっていた。悩む福留は、早めに球場入りし、ベンチ裏に備えつけてあるマシンを相手に黙々と打ち込んでいた。わらにもすがる思いで、アナハイムに来ていた中日の元打撃コーチ、佐々木恭介に相談もした。

「上体ばかりで打とうとするから、下半身を上手に使う事を忘れている」

と指摘をうけて、必死で修正しようとする姿が、練習で見受けられた。そんな福留の姿をじっと見ていた王監督だったが、準決勝のスタメンからは、はずす決断をした。代表チームとして「二度、敗れている韓国に同じ形で挑むのは難しかった」（王監督）のだ。

福留はＰＬ学園、日本生命を経て、ドラフト１位で入団と、エリート街道を歩んできた。レギュラーになってから、ケガ以外にベンチスタートの経験はない。ベンチのフェンスにもたれて、選手を応援するが、その声も小さくなりがちだった。

試合は投手戦になった。再三のチャンスをつぶした日本に重苦しい雰囲気がただよいはじめていた時だった。７回、先頭の松中信彦がライトの右を抜き、懸命のヘッドスライディングで二塁ベースに飛び込む。アメリカ戦で左足くるぶしに死球を浴びた松中が、腫れの引かない足を引きずりながら、プレーしていることはみんなが知っていた。

「先輩の松中さんが痛い足を引きずりながら、ヘッドスライディングをする姿を見て、何も感じない人はいないですよ」

１死二塁、王監督が告げたのは福留の名前だった。不振の男を代打一番手にしたのは理由がある。試合前の練習でバットが振れていたこと、日本の３番に起用されるだけの打撃を元来、持っていることを確信していたからだ。

「ともかく、二塁走者を三塁に進めよう。それには思い切って引っ張ることが大事」

福留は心に決め、打席に立った。韓国の金炳賢（キムビョンヒョン）が投じた３球目をフルスイング。打球は弾丸ライナーとなって、本塁打の出にくいペトコパークのライトスタンドに飛び込んだ。

福留は当初、ＷＢＣの参加について消極的だった。春先の出遅れがあり、完璧な状態で、２月20日の合宿に間に合わせる自信がなかったのだ。それが、４番打者に予定されていた松井秀喜の不出場によって、代役が回ってきた形になっていた。

「長打がないチーム」とか「一発の決め手がないチーム」と言われる中で、自分の占めるウェイトが大きいことを福留自身が感じていた。だから、知らず知らずのうちに、体全体に力が入っていた。そんな時、ＰＬ学園の先輩で、アテネ五輪の主将を務めた宮本慎也が声をかけた。

「福留は福留であればいいんだよ」

松井の代役の重荷を背負っている福留にはありがたい言葉だった。

「何も考えずに打っただけです。今まで悩んでいたのが何だったのだろうと思うほどです。バッティングって本当に難しいですね」

無心が見出した打撃開眼だった。

（永谷脩）

Japan
ZETT
JAPAN
22

芸術的な投球を見せた上原、攻守で大活躍の里崎。ナイスバッテリー。

Final
決勝
2006年3月20日　サンディエゴ・ペトコパーク

vs. CUBA

JAPAN 10-6 CUBA

チームジャパンが完成した夜。

初代世界チャンピオンの栄光。

準決勝で韓国を圧倒した日本の攻撃陣は、決勝でも勢いが衰えなかった。2番西岡剛が内野安打で出塁すると、すかさず盗塁を決める。四球、内野安打で満塁にすると、キューバは早くも先発投手を交代させた。決勝での先制点がいかに大きいかは、攻める側も守る側も十分にわきまえていた。

しかし、初回の投手交代は、リリーフ投手から冷静さを失わせていた。5番多村仁が死球を受けて先制点が転がり込む。さらに2死から7番小笠原道大の四球で押し出し、8番今江敏晃のタイムリーで2点。四死球に2本の内野安打、クリーンヒットはわずかに1本だけだったが、あざやかな先制攻撃で一気に主導権を握った。

一発に頼るのではなく、走者を出したらバントや盗塁でかき回し、チャンスを広げ、相手のミスを誘って得点する。長打力で劣る日本の攻撃スタイルは、大会前からいわゆるスモールボールを標榜してきたが、大会を通じて練り上げてきたその型が、決勝になってみごとに花開いた。

4点のリードを背負ってマウンドに立ったのは松坂大輔。2年前のアテネオリンピックでは、キューバを破る立役者となっている。メキシコ戦で好投したあとも、調子は上々だった。ただ、雨模様で肌寒いこの日、試合前のウォーミングアップのとき、クビに違和感を覚え、状態は万全とはいえなかった。いきなり先頭打者に本塁打を浴びて、不安を覗かせる。しかし、どこかに不安を抱え、軽く投げるときのほうがよい結果の出る松坂である。2回以降は立ち直って、4回1失点で先発の責任を果たす。

攻撃陣は活発で、5回にも3連打にバントと犠飛をからめて2点を追加した。しかし、メジャーリーガーぞろいの相手国を手堅い組織戦術でしのいでカリブラウンドを勝ちあがってきたキューバは、渡辺俊介、藤田宗一を攻めて得点を重ね、8回を終わった時点では1点差にまで詰め寄っていた。

だがキューバの追撃もここまでだった。9回、日本はフィナーレにふさわしい花火を打ち上げる。それも日本らしい小技の花火を。相手の失策を口火に、バント安打、四球に犠飛。スモールボールの真髄を見せつける攻撃で決定的な4点を奪う。

最終回のマウンドは、この大会のクローザーを務めてきた大塚晶則に託された。1球ごとに気合を込めて投げ込む大塚の形相はキューバを圧倒した。最後の決め球は大塚の代名詞ともいえるタテに落ちるスライダーだった。キューバの3番、グリエルのバットが空を切る。ベンチからいっせいに日本の選手が飛び出した。「We are the champion」が流れ紙吹雪の舞うマウンドで、王監督の胴上げがはじまった。

（阿部珠樹）

決勝 20 March. PETCO Park, San Diego
Final

打線を大幅に組み替えた日本は、初回にいきなり4点を先制。先発松坂は先頭打者に本塁打を浴びたものの後続を抑え、日本のペースで試合が進む。終盤キューバも反撃し、一時は1点差に詰め寄られたが、9回、イチロー、福留のタイムリーなどで4点を加えて逃げ切った。

JAPAN			1	2	3	4	5	6	7	8	9
(遊)	川崎	(ソフトバンク)	投ゴ	捕ゴ		遊直		三ゴ			三ゴ
遊	宮本	(ヤクルト)									
(二)	西岡	(ロッテ)	遊安	三振		四球		三ゴ			二安
(右)	イチロー	(マリナーズ)	四球	遊直			左2		二ゴ		右安
(指)	松中	(ソフトバンク)	遊安		右安		右安		三振		敬遠
(左)	多村	(横浜)	死球		三振		三安		三振		
打左	福留	(中日)									左安
(捕)	里崎	(ロッテ)	三振		四球		投ギ			遊ゴ	四球
(一)	小笠原	(日本ハム)	四球		中飛		左犠			二ゴ	右犠
(三)	今江	(ロッテ)	中安		投ゴ		遊ゴ			三振	遊ゴ
(中)	青木	(ヤクルト)	二ゴ			三振					
打中	金城	(横浜)						中飛			三失

残塁7　併殺2

	回数	打者	球数	安打	三振	四球	死球	失点	自責
○松坂 右 (西武)	4	16	62	4	5	0	0	1	1
渡辺 右 (ロッテ)	3	14	29	4	2	0	0	3	2
藤田 左 (ロッテ)	$\frac{1}{3}$	2	11	1	0	0	0	1	1
S 大塚 右 (レンジャーズ)	$1\frac{2}{3}$	7	23	2	2	0	0	1	1

JAPAN	4	0	0	0	2	0	0	0	4	=10
CUBA	1	0	0	0	0	2	0	2	1	= 6

CUBA		1	2	3	4	5	6	7	8	9
(遊)	パレ	左本		三振		三振		一ゴ		遊安
(三)	エンリケ	三ゴ		左飛			一ゴ	右飛		三振
(二)	グリエル	遊ゴ		中飛			遊失		二安	三振
(一)	ボレロ	三振			中飛		左安		左飛	
(左)	セペダ		三振		遊ゴ		左2		左本	
(右)	ウルティア		三振		中安		中安		投ゴ	
(指)	ガルロボ		右安		右飛		二併		右飛	
(捕)	ペスタノ		三振			三振		遊失		中2
(中)	ラミレス			左2		遊直		遊併		右邪

残塁6　併殺0

	回数	打者	球数	安打	三振	四球	死球	失点	自責
●ロメロ 右	$\frac{1}{3}$	4	23	2	0	1	0	3	3
オデリン 右	$\frac{1}{3}$	4	19	1	1	1	1	1	1
N・ゴンザレス 左	$3\frac{1}{3}$	14	59	3	3	2	0	2	2
Y・ペドロソ 右	$\frac{1}{3}$	2	9	1	0	0	0	0	0
パルマ 左	4	16	55	2	3	1	0	4	2
マヤ 右	$\frac{0}{3}$	2	13	1	0	1	0	0	0
Y・ゴンザレス 左	$\frac{1}{3}$	1	3	0	0	0	0	0	0
マルティネス 右	$\frac{1}{3}$	1	1	0	0	0	0	0	0

［クローズアップ・キーマン］

大塚晶則「メジャーの意地」

2次リーグの地・アナハイムの選手宿舎の前に位置するホテルで4人の家族連れが朝食を取っている。それは、ディズニーランドに遊びに行く前の、どこにでもある家族の光景のように見えた。

「野球選手をやっていると家族と過ごす時間はどうしても少ない。でも、父親の仕事を誇りに思ってもらいたいし、何より父親が日本代表だということを見てほしかった」

大塚晶則は家族を連れてきた理由をこう説明した。今季で3年目のメジャーになる大塚は、サンディエゴが本拠地のパドレスに昨年まで所属していた。家族は今もサンディエゴに住んでいる。休養日には投手陣を連れて、食事にでかけた。それだけ世話を焼くのは、日本野球の存在を世界に知らせたいという思いからだった。

「海外に出れば、日本を余計に感じるんです」

個々のプレーヤーは評価されても、メジャーで日本野球の評価はそれほど高くない。

今回は日本の野球を世界に認識させるいいチャンスだと思っていたのだ。

王監督は早い時点で、大塚を抑えにするプランを立てていた。メジャーリーガーの2人に、「イチローが最初に打って引っ張り、大塚には最後を締めて、勝利に導いてもらいたい」と告げた。「メジャーの連中の話を遠慮なく聞かせてやってほしい」とも頼んだ。

「メジャーと言っても、すごいのは一握り。たいしたことはない。日本の投手の方が技術がある」

そんな大塚の言葉に、渡辺俊介は「なんとなく、抑えられる」ような気になった。変化球のコントロール、走者を置いてのクイック投法、いずれの面でも、日本のほうが上であると大塚は思っている。

決勝戦の試合前、大塚は王監督にこう言われている。

「2回投げてもらうかもしれない」

「大和魂です」

と即答した大塚。王監督はその右肩を何度も叩いた。言葉通り、大塚に声がかかったのは8回1死、1点差に迫られた時だった。

大塚は、家族の応援があるサンディエゴのペトコパークではほとんど打たれた記憶がない。自信を持って上がったはずのマウンドだが、「いつもと少し違った風景だった」

と言う。決勝のプレッシャーが意識を高揚させたのだろうか。しかし、メジャーリーガーのプライドが大塚を支えた。

「メジャーがアマチュアに負けるはずがない」

1人目の打者を投手ゴロに打ち取ると、もういつもの大塚だった。次の打者をライトフライに打ち取ると、流れは再び日本に戻った。9回表、4点を加え、10対5。

9回裏、1点を失ったものの、世界一まであと1死。王監督がタイムをとる。マウンドに来ると、大塚にたった一言だけ言った。

「あと一人だからな」

大塚が、最後の打者をスライダーで三振にとり、日本の優勝が決まった。

シャンパンファイトに酔った後、着替えを終えて出てきた大塚は言った。

「このメンバーと別れたくなかった。少しでも長くジャパンでいたかったから、最後までロッカーにいました。いいチームでした」


（永谷脩）

Japan
52
51
3

絶望の淵からよみがえり、初代世界チャンピオンの栄光を手にする。

［MVPインタビュー］

松坂大輔

「最初から世界一を狙っていました」

世界一のために、すべてを捧げる覚悟はできていた。
ペナントレース終了の翌日にトレーニングを開始し、
何を言われようとも自分流の調整を貫いた。
胸に秘めた大夢を、自らの活躍でかなえた男。
WBC初代MVPは、文句なしに松坂大輔だ。

18

Daisuke Matsuzaka

大会期間中、松坂大輔は海外メディアから毎試合のようにこんな質問を浴びせられた。

「メジャーにはいつ来るんですか」

そのたびに毅然として答える。

「僕は、日本の野球が世界一だということを証明しに来たんであって、自分をアピールするために出場しているのではありません」

決勝のキューバ戦でマウンドに立った松坂は、勝利の願望が乗り移ったような火の玉投球で打者を封じ込め、自分の思いの正しさを世界にアピールした。

1次リーグの台湾戦、2次リーグではメキシコ戦、そして決勝のキューバ戦と3試合に先発登板し、13回を8安打、10奪三振、防御率1・38で、3勝0敗。この成績が評価され、大会MVPとベストナインにも選出された。

残念ながら、世界一の実感というのは今あまりないんですよ（笑）。この後がオフだったら、余韻にも浸っていられるんでしょうけど、プロ野球が直ぐ開幕。頭はもうそっちに行っていますからね。世界一の感慨を味わえたのはキューバに勝った瞬間だけ。翌日にはもう頭が切り替わっていました。

準決勝あたりから、日本では相当盛り上がっていると聞き、みんなに野球を注目して貰えるようになったのが、僕としては一番嬉しかったかな。アテネ五輪の時、長嶋（茂雄）さんから「君たちは野球の伝道師たれ」と言葉を掛けられていたので、その役目を今回果せたのかな、って。ただ、WBCでせっかく盛り上がったこの人気を持続させなきゃ意味がない。ペナントレースの闘いぶりが重要になってくると、改めて襟を正しています。

今だから言いますけど、実はキューバ戦の直前に首を痛めてしまっていたんです。それまではドンドン調子が上がっていて、キューバを絶対に完封してやると思っていたんですけど、試合前のブルペンで「ラスト、一球行きます」と投げたら、首がバキッとなった。ヤバイ、やっちゃった、って。首が右に曲がらなくなったんですよ。あの時、相当寒かったじゃないですか。国歌斉唱の時は投げちゃダメと言われていたんで、一応ジャンパーを着て身体を冷やさないようにしていたんですけど、その後にピッチングを開始したら、バキッとなった。何でこんな大事な日に痛めてしまうんだよって、自分に腹が立った。

でも、キャッチボールをしたら投げられた。ただ万が一のことがあっては困るので、鹿取（義隆）コーチにだけは「首、やっちゃったんで」と告げておいた。だから、初回から（渡辺）俊介さんがブルペンに入っていたんです。キューバ戦でストレートを多投したのは、首が回らなくて、直球しか投げられなかったから（笑）。その分、気持ちが入った。もうとにかく腕を振って、抑えるしかないって。ランナーがいる時は「頼む！

低めに行ってくれっ」と念じながら投げていました。まあ、要所では低めにバーンと行って抑えられたから良かったけど。

初回、先頭打者のパレにいきなりホームランを打たれたのは、首のせいではなく、相手を舐めていました。すいません（笑）。アテネ五輪で対戦した時は4打数0安打に抑えていたし、変化球は打ってもストレートには弱いのを知っていたけど、里崎（智也）さんからスライダーのサインが出たので、その通りに攻めたらバッコーン。初回に日本が4点取ったので、どこか安心感が芽生え、僕の悪い癖なんですけど、フォームで楽をしちゃったんですよ。打たれたシーンをビデオで見たら、突っ立ってストライクを取りに行っているので、そりゃあ、打たれるわな、って（笑）。下半身を全然使っていない。

キューバは僕にとって特別なんですよ。世界一のチームをねじ伏せたいという思いもあるけど、アテネ五輪のリベンジをしたかった。アテネでは4回裏にグリエルからピッチャーライナーを受けて、右手の感覚が麻痺したまま、残った感覚を全部かき集めて9回裏まで頑張ったけど、途中で降板を命じられた。6―3で勝利投手にはなったものの、完封できなかったことがずっと悔しくて、今回ようやくそのチャンスが回ってきたと思ったら、初回に先頭打者にホームランを打たれ、あ、もう点取られちゃった、みたいな（笑）。

王（貞治）監督からキューバ戦の先発を告げられたのは、準決勝の韓国戦が終って直ぐです。俊介さんでも良かったのに、僕を選んでくれた。世界一決定戦で先発できるなんて最高の名誉。だから、監督の期待に応えたいという気持ちも強かった。そんな思いが色々あったので、マウンドに上がったら首が痛いことはすっかり忘れていましたね。

松坂はその後、キューバの〝赤い稲妻〟打線を154㎞も記録する150㎞台の速球で抑え切った。ペナントレースを見慣れているファンには、目新しいスピードではないが、開幕前のこの時期に150㎞台を多投するというのは、常識ではあり得ないことといってもいい。それは、松坂のWBCにかける思いの裏返しでもあった。

2次リーグでメキシコを5回1安打に抑え勝利投手になった記者会見で「これほどのピッチングが出来るのは日の丸を背負っている意識からか」という質問に対し、即答した。

「気持ちの問題以上に、僕はWBCに合わせて調整してきましたので、この結果は僕の中では計画通りです」

メキシコ戦は負けたらジ・エンドという状態だったけど、僕は絶対に抑えられると思っていました。メジャーの選手が何人もいて直球に強いと言われていたから、定石なら変化球で打ち取るんだけど、僕はストレートで勝負できると思っていた。スギ（杉内俊哉）が試合直前に「まっちゃん、今日負けたら終わりだね」とプレッシャーをかけて来たんですよ。普通、試合前にそういうこといいますかね。しかも、お前、投手だろう、って（笑）。プレッシャーがあればさらに燃える僕の性格を知っているから囁いてきたんだろうけど。

メンバーを見て世界一が狙えると思った

昨年のペナントが終った翌日からトレーニングを始めていました。WBCに出たいな、って。例年ならオフは1カ月間ぐらい何もしないんですけど、今回は練習を一日も休まなかった。12月初旬に子供が生まれて徹夜で立ち会ったので、休んだのはその時ぐらいかな。

その頃からイチローさんは出る以上は世界一になりたいと熱く語っていたし、僕もちゃんとやっておかないと合流した時にイチローさんに怒られるから、手を抜かずに練習しようと思った。WBCのメンバーが発表された時は、本当に世界一を狙えるかも知れないと思ったし。オフは野球関係のコンペが多いけど、断れるものは断って、断れない時はゴルフが終ってからトレーニングに行っていました。ゴルフの後に野球の練習をするのは、結構辛いんですよ。「ハァー、辛いな。何でオレ、毎日こんなに頑張っているんだろう」って、自問自答の繰り返し（笑）。でも、ここで妥協したら夢は遠のくと自分に言い聞かせた。

11月、12月は身体を作り直して、1月にはピッチングを始めていましたね。ただ、実戦を踏まないと確認できないこともあるので、2月末の壮行試合で打たれたのは僕にとっては想定内。3月1日の巨人戦に志願登板した時は「中2日で無謀だ」と評論家の人に批判されたけど、本戦に向けて一つ一つボタンをかけていく段階だったので、気にもしなかった。

でも、1次リーグの台湾戦で、ボールを落としてボークを取られたのは、恥ずかしかったなあ……。ロージンが合わなくて、ボールが滑っちゃったんですよ。すっぽ抜けたからチェンジアップを投げようとしていたと思われているみたいですけど、直球でした。

メジャー仕様球に慣れるのに少し時間がかかったかな。初めは、サイズが大きい靴を履いて全速力で走るぐらいの違和感があった。大会がこの時期でも、ボールが日本製だったら、投手陣はそれほど苦労しなくても済んだと思う。滑るボールを逃さないように、指先に最後まで力が入っていると言うか、いつも以上に意識を働かせなければいけないので、みんな肘の張り方がおかしいと言っていましたもん。石井(弘寿)さんが肩を痛めて離脱したり、(和田)毅がやっぱり肘をおかしくしたのは、完全にボールのせいですよ。

僕も、台湾戦ではコントロールしきれていなかったけど、アメリカで米国製のロージンを手にして、やっとフィット感が出た。粘りがあってメジャー用のボールにぴったり。だから、アリゾナでレンジャーズと対戦した時に初めて「ＷＢＣは大丈夫だ」と確信が持てたんです。ボタンが掛け揃ったな、って。

２次リーグに入ると、松坂は米国のメディアから「魔球を投げるらしい」と噂されていた。それだけ注目を集めていた証左だが、本人はニヤリ笑うだけ。実は、今シーズンからフォームを微妙に変え、球の出しどころを見難くしていたのだ。キューバ戦では首を痛めフォームを崩したが、メキシコ戦では成功していた。長く松坂を撮っているカメラマンも、「球が見えにくかった」と証言している。

アメリカの記者たちに「魔球」の質問はされましたね。何、それ、という感じだけど。ジャイロボールを投げるとか、ダブルスピンがかかっている球を持っているとか。よく聞いてみると、高速スライダーのことを言っているみたいなんですけど、ボールの回転があり得ない速さだって言われた。僕は、もっとスピンをかけようと思っているのに（笑）。

ボールの出しどころを見えなくするのは、意識してやっていましたよ。毅がその典型じゃないですか。だから、僕もやってみようと思って、夜に窓を見ながらシャドーピッチングする時にフォームを研究していたんです。メキシコ戦は意識したわけでもないのに、カメラマンの人がそういうなら、無意識のうちに出来たという証拠。考えていたことが形になってきたのかな。ちょっと嬉しいかも。

ＷＢＣはどんでん返しの連続だったけど、当初は日本代表の重みを分からない選手もいて、チームは決して一枚岩とは言えなかった。準決勝に進んでからですね、ベクトルがビシーッと揃ったのは。技術が均衡すれば、後は気持ちの差が出てくる。２次リーグで韓国に負けたときに、国を代表する気持ちの差が出たと思った。イチローさんは「野球人生最大の屈辱」と言ったけど、僕はそんな言葉も出ないほどショックだった。目の前でマウンドに韓国の国旗を立てられた時は屈辱で震えそうになったけど、負けたんだから何も言えない。そんな自分が情けなくて悔しくて……。みんなも同じ気持ちだったんじゃないかな。でも、そんな韓国に国の威信を掛けた闘いというか、命のやり取りをするような厳しさを教わったような気がする。だから準決勝で対戦した時は、最大の屈辱を味わった後だったので、日本の方が気持ちは上だった。完封までは想像していなかったけど、大差をつけて勝ちたいとみんな思っていましたからね。

日本代表は、精神的にも肉体的にもきついので、ご褒美じゃないですけど、サッカーやラグビーなどのようにキャップ数を数えて欲しいですね。チームのユニフォームに代表回数の星印を入れるとか、選手名鑑に代表歴を記載するとか。そうすれば選手たちは日本代表に選ばれたいと思うだろうし、子供たちだって日本代表に憧れるじゃないですか。

ＷＢＣを一緒に闘った仲間とは、これからはライバル関係。同じ思いを味わった人たちと、いい試合を見せたいですね。世界一になっても野球がＷＢＣの時だけの一過性の人気だったらこんな悲しいことはない。野球の伝道師として、本当の闘いはこれからかな。

（吉井妙子）

［戦士達の証言］

上原浩治

「確かにここで投げている」

絶対に負けられない準決勝、完璧な投球で韓国を沈黙させたのはこの男だ。アメリカ戦でも要所を締めて、メジャーを1失点に抑えこんだ。どちらの試合でも上原は、プレッシャーよりも、マウンドに立てる喜びを強く感じていたという。

19

Koji Uehara

満員のスタンドのほぼ7割は韓国の応援団だった。

「テー・ハー・ミング！」

太極旗がいたるところで打ち振られ、地鳴りのような合唱がスタンドに反響する。まるでソウルかプサンの球場にいるような錯覚に陥りそうだが、確かにここはアメリカのカリフォルニア、サンディエゴのペトコパークだった。

「もっと騒げってかんじですかね」

上原浩治は不敵に笑った。

3月18日。WBCで3度目の対決となった韓国との準決勝は7回を迎えていた。表の攻撃で日本打線が福留孝介の2ラン、里崎智也、宮本慎也、イチローのタイムリーとつながって一挙に5点を奪取。その援護を受けて上原はエースとしての決意を胸にマウンドにあがっていた。

「ピッチャーにとって一番大切なのは、点をもらった直後をきちっと抑えきること。そうすれば試合の流れは、必ず自分たちの方にくる。韓国の声援はまったく気にならなかった。マウンドに上がってしまうと、不思議と自分に都合よくそういう音は遮断されていくんです。見えてくるのは相手のバッターだけですから。とにかく一人ずつ、目の前のバッターに集中する。ここが最大の勝負、ここを抑えきれば勝てると思っていました。だからスタンドの韓国の声援は、まったく気にはなりませんでした」

準決勝95球の球数制限に近づきつつあった。先頭の李承燁（イスンヨプ）を１４８㎞の外角ギリギリのまっすぐで見送り三振。メジャー40発の崔熙渉（チェヒソプ）をフォークで空振りの三振に仕留めると、李晋暎（イジンヨン）の安打をはさんで最後は鄭成勲（チョンソンフン）を外角ストレートで見送り三振に切ってとった。3つのアウトすべてを三振で決めて、勝負の流れを完全に日本へと引き寄せた。

「完璧なピッチングでしたね。三振を意識したわけではないけど、とにかくここが勝負だという気持ちが、ああいう結果につながったんだと思う。それはこの試合全部を通しても同じだったと思います。もちろん韓国に連敗していたこともまったく関係なかったです。むしろここを勝たなければ決勝に進めないということしか頭にない。どうしても勝つピッチングをしなければならないという気持ちだけでした」

1次リーグ、2次リーグは4カ国によるリーグ戦形式。1つの負けが必ずしも大会からの脱落を意味するわけではなかった。実際に日本は予選リーグの2度の対決では接戦の末に韓国に敗れている。2次リーグでは1勝2敗という成績ながらアメリカがメキシコに敗れる波乱で、奇跡的に準決勝にコマを進めることができた。

だが、この試合だけは違う。敗れることは、すべてが終わることを意味する。勝って決勝戦へと進めれば、いずれにしても最後の戦いとなる。そういう点ではこの大会で最もプレッシャーのかかる戦いが、この準決勝の韓国戦だったかもしれない。

勝ちたい試合と負けてはならない試合。日の丸を背負った試合で、上原は必ず後者の負けられない試合で先発に指名されてきた。

アテネ五輪でもアジア予選の長嶋茂雄監督、本番の中畑清ヘッドコーチは常に最初の試合の先発にこの右腕を指名した。そして今回のWBCでも1次リーグの中国戦、2次リーグのアメリカ戦と上原は必ず各ラウンドの初戦のマウンドに上がっている。投手の球数制限という特別なシチュエーションの中での戦いで、やはり王貞治監督も負けたくない試合では、上原の安定したピッチングにかけてきた。

「野球っていうのはヒットを打たせない競技じゃなくて、ホームを踏ませない競技ですから。いくら打たれたって、その走者を還さなければいい。だから常に目の前のバッターに集中することが大切なんです。もちろん状況判断は非常に大事だけど、逆にそういうことを考えすぎて打席にいる打者への集中力をそがれてしまっては意味がない。僕はマウンドに立てば、ある意味、目の前、目の前と切り替えて一人一人、一つ一つのアウトを取ることしか考えない」

キリキリとした状況の中で、上原はまるでダンスでも踊るかのごとく軽快にマウンドではねた。面白いようにスライダーが決まる。初球、いきなりフォークがストンと落ちて、韓国打線のバットは翻弄された。

「韓国とはアマチュア時代から何度も対戦していたんで、総体的な特徴はつかんでいたつもりです。基本的には真っ直ぐには強いけど、スライダー系には弱点がある。この大会で2試合の韓国戦を受けてきたキャッチャーの里崎くんも同じ考えだった。だから試合前にスライダー中心の組み立てをしようということで……。実際にこの試合ではいつもの倍近いぐらいの球数のスライダーを放っていると思います。逆に相手は頭の中にフォークがあるから、たまに放ったフォークにも中途半端なスイングになっていましたね」

一人一人を確実に料理していった結果が、7回を散発3安打の零封という内容だった。投じたボール数は86球。そのうち実に67球がストライクで、ボール球はわずかに19球しかなかった。テンポよくストライクを先行させるピッチングは、この大会、過去2戦の日韓戦の重苦しく、どんよりとしたムードを一変させた。日本打線の爆発も、このアップテンポの軽快なリズムが生み出したと言ってもいいものだった。

「投げることが楽しかった。それがこの大会の一番のエネルギーだった」

全3試合の先発。どれも厳しい試合の連続で、特に2次リーグのアメリカ戦とこの韓国戦は1点をしのぎ合う、胃の痛むような展開だった。

それでも上原自身は、勝負とは別のところで自らのピッチングを楽しんでいた。

「何なんですかね、この楽しさは……」

上原は首を傾げた。

「ひとことで言えば、球場の魅力なんでしょう。毎日、毎日、球場に来るのが楽しくてしかたなかった。きれいに刈り込まれた芝生に足を踏み入れた瞬間に、いつも背筋がぞくぞくする。頭の上から迫ってくるようなスタンドを見上げるたびに、ホントにどわあっと感動が襲ってくる。そういう喜びが毎日毎日、続いていました。そのマウンドで投げられるんだから。もちろん試合に入ったら、勝負ですから、マウンドに立っているときにそんな感覚に浸っていられる余裕はないですよ。でも、確かに、ここで投げているという喜びがいつも僕の体の中にはあった」

大阪体育大学の4年生の夏休み。上原は夏休みを利用して、2次リーグの行われたカリフォルニア州アナハイムにあるエンゼルスタジアムを訪れている。当時からメジャーの野球に憧れ、「いつか自分も」と夢を抱いていた。その願いを聞いたエンゼルス関係者が、密かにブルペンのマウンドに立たせてくれた。

「イチローさんが教えてくれたんですけど、アメリカってブルペンが必ずお客さんから見える場所にあるんですってね。そこで投げるピッチャーを見るのも、お客さんの楽しみになっているんでしょう。エンゼルスタジアムもレフトの後方にあって、ペトコパークもレフトの後ろと一塁側のファウルゾーンにあった。どこもかしこもお客さんと近くて、それがまた独特のムードを生み出しているんだと思う」

9年前に抱いたメジャーへの夢は、上原にとり今は長く、険しい道のりとなっている。それでもメジャーリーガー相手のこういうマウンドに立てたことが、この大会でのパッションとなったのも、また明らかなことだった。そして、その憧れのメジャーリーガーたちとの対戦も、上原にとってみれば、WBCにおける大きなポイントとなるものだった。

3月12日。エンゼルスタジアムの2次リーグ初戦は、日本の野球にとっても一つの記念すべき試合といえるだろう。

初めて真剣勝負の場における日米トッププロの戦い——。その先発マウンドに背番号19は立っていた。

イチローの先頭打者アーチで幕を切った戦い。その裏、上原はいきなり味方のエラーなどで無死一、二塁のピンチを招いた。しかし、3番のケン・グリフィー・ジュニアをインハイのストレートで三振、4番のアレックス・ロドリゲスをフォークで三ゴロ併殺打に打ち取りピンチを切り抜けた。

「アメリカ打線には実際に対戦してみて、すぐに有効な球が見つかったんですよ。右バッターなら内角、左バッターなら外角の低めにシュート気味に落とすフォーク。これが非常に有効だとすぐに分かったんで、谷繁さんとこの球を軸に組み立てましょうということになった。A・ロッド（アレックス・ロドリゲス）をゲッツーにとった球がまさにそれでした」

2回に先頭のチッパー・ジョーンズに外角寄りのストレートをセンターオーバーにソロ本塁打され、3回には3本の安打を浴びるなど、走者を背負ったピッチングが続いた。

「やっぱり怪物ですね、アイツら（笑）。真っ直ぐはコースにかかわらず打ちます。特に低めは腕がきっちり伸びて、当たったらどこまで飛ぶんやろというスイングをしてますからね。やっぱり真っ直ぐを見せ球にして、変化球をうまく使っていかなならんと思いました。3回は先頭のヤングを出したけど、大きかったのは次のジーターをゲッツーにとったところですね。あれはスライダー。それにしても自分でもよくゼロに抑えたと思うわ、ホンマ（笑）」

試合は同点で迎えた8回、タッチアップによる得点を無効としたボブ・デイビッドソン球審の〃世紀の大誤審〃によって日本は勝ち越しの機会を奪われ、最後はA・ロッドに藤川がサヨナラ打を浴びて、敗れることとなった。それでも上原は7安打されながらも5回を1失点に抑え込んでいる。

「走者を還さないという点では、100点満点に近いピッチングができたと思っています」

上原はいたずらっぽく笑った。

世界一を決めた直後にロッカーで行われたシャンパン・ファイト。歓喜の輪の中でも、ひときわはしゃぎまわったのが上原だった。

「こっちにいると、日本の様子がぜんぜん分からんかったんですけど、むちゃくちゃ盛り上がってくれているという話を聞いて、ホンマ嬉しかった。僕はこの大会に出場の要請がきたとき、断る理由はないと思った。だって、日本の野球にとって、こういう国際大会は絶対にプラスになると思ったし、これを契機にもっともっとみんなに野球の面白さを知ってもらいたいと思った。それができたことが嬉しいんです」

準決勝の韓国戦に勝った翌日の19日（日本時間20日）、日本から「長男誕生」の吉報が飛び込んだ。

「韓国に勝って、翌日に子供が生まれて、その翌日に世界一になった。僕の人生の中で忘れられない3日間になりました」

何か不思議な感覚に包まれていた。夢に描いていたものが、次々と現実となっていく。思い、願っていたものが、どんどんと手に入ってくる。信じられないような気もするが、これはまぎれもない現実だった。

そしてその現実を思ったとき、上原の心にはずっと思い描いてきた将来への道が、もう一度、開けていくのが分かった。

「メジャーへの道は、決して遠くも、長くもない」

ＷＢＣはそのことを証明してくれた大会だったのだ。

（鷲田康）

［戦士達の証言］

松中信彦

「4番を支えた信頼」

ただひたすら理想の打撃を追い求めてきた。
不断の努力で4番の座をつかみ、輝しい記録も
打ち立てた。だが、人々はいつまでも
失速のイメージを忘れない。忌まわしい記憶を
振り払うために、男は自らを追い込んだ——。

3

Nobuhiko Matsunaka

3月16日。日本代表を乗せたバスの雰囲気は重苦しかった。2次リーグを1勝2敗。日本の準決勝進出はほぼ絶望的だった。ただ、アメリカ対メキシコ戦の行方によってはわずかな可能性が残っていたため、アナハイムから準決勝の地・サンディエゴまでバスで向っていたのだ。

1時間半の車中、松中信彦はサンダル履きだった。アメリカ戦で受けた左くるぶしへの死球の腫れが引いていなかったからだ。

アメリカ戦翌日の練習には、バッティングはおろか、姿を見せることもできなかった。骨には異常がなかったが、ドーピングの問題があって痛み止めを飲むことはできず、アイシングで一夜を過ごした。痛みで、ほとんど眠ることはできなかった。

主砲のいない練習に、王貞治監督へ「メキシコ戦は4番として大丈夫か」という質問が飛んだ。

「松中をはずすなんて、考えもしなかった。今言われて、そういうこともあるのかと思ったくらいだ」

大会の始まる前、王監督は「1番イチローと4番松中はよほどのことがない限り、起用し続ける」と公言していた。4番松中についての理由は「私が一番近くにいて、ずっと見てきているし、そういう姿を認めている」からだった。

メキシコがアメリカを破り、日本の準決勝進出が決まって開かれたミーティングの後、松中は王監督に言った。

「4番をはずしてもらってもいい」

監督の答えは「日本の4番はお前しかいない。できることを欲をかかずにやってくれればいい」というものだった。

2004年、松中はプロ野球史上7人目となる三冠王に輝いた。1986年の落合博満以来、18年ぶり。分業化の進んだ近年のプロ野球では不可能とも言われる中での偉業だった。本来なら、プロ最高のシーズンだったこの年のオフを松中は屈辱の中で過ごした。レギュラー・シーズンを1位で通過しながら、この年から導入されたプレーオフで西武に敗れたのだ。プレーオフの西武戦5試合で、打率1割5厘。松中が短期決戦に弱いといわれるようになったのは、この時からである。

昨年のプレーオフは同じ映像を見ているかのようだった。打率は6分3厘。王監督は決して松中を4番からはずすことなく、そして昨年もまた、ソフトバンクはプレーオフで敗れたのだ。

日本代表の4番に考えていたヤンキースの松井秀喜が出場を辞退した時、王監督は言い切った。

「日本の4番は松中しかいない」

その判断をいぶかしがる声があがったのは事実である。これまで残してきた実績を見れば、順当ではあるものの、プレーオフの成績が、その最大の理由だった。

「正直なところ、ここ2年、王監督の信頼を裏切ってきました。結果がでなかった時は、自分だけ辛さを味わえばいいんですが、プロでやっていると家族や両親、関係者、僕のファンの人たちや後援会の人たちまで、周囲から批判を浴びる。そうやって迷惑をかけた人たちから『来年こそは見返しましょう』と言われたのが励みになりました。今年のシーズンより先にあるWBCでまず結果を出さないと、次に進んでいかないという気持ちは強かった。だから、ずっとプレーオフの失敗を払拭したいと思って練習をやって来たし、そのために4番でいたいと思っていた。

日本の4番というのはなかなかできる経験ではない。それができることは自分の財産になるし、それだけ重圧、プレッシャーもかかってくる。でも、4番じゃないと受けられない重圧だと思って、喜んで飛び込んでいきました。結果を残して、『何で松中を4番にしたんだ』と王監督が批判を浴びないようにやるしかない」

松中は今季、例年より早く自主トレをグアムで開始している。グアムに行くようになったのは、現役時代の秋山幸二（現ソフトバンク監督）に同行させてもらったのがきっかけだった。松中はグアムに行くと、秋山の言葉を思い出す。

「動けるときにうんと体をいじめておかないとダメ。年がいけば、やりたくてもできなくなる。20代後半から30代前半に体を動かした貯金が、35歳から40歳になったときに生きてくる」

今年、33歳になる松中とソフトバンクはこのオフ、7年という異例の長期契約を結んだ。松中が判を押した理由は「今までのように、自分を追い込んでいけば、40歳になっても十分にやっていける」と判断したためだ。

グアムの練習では、WBCのための意識改革を感じさせた。

「今大会での4番の仕事は1点でも多く点を取るバッティングをすることだと思っています。4番は、初回三者凡退に終わった時、2回は先頭打者になる。投手が調子づく前だし、いかに出塁するか。塁に走者がたまった時には、走者を還すバッティング。4番には両方が求められる。

そう考えると今大会の僕の役割はホームランを打つことじゃない。今回はスモールベースボールということだし、強豪同士の試合はそんなに点差はつかないはず。取れるときに取っておかないといけない。ライナーとか、しっかりゴロを打てるような、ボールをしっかり捕らえられるバッティングをしないといけないと意識していました」

松中はこの大会のために、以前から使っていたバットを20gほど軽いバットに換えた。メジャーの投手は球質が重く、自分の感覚以上に落ちる変化球を投げる。軽くした分、ヘッドのスピードがついて、落ちる球に対応できると判断したからだ。

ただ、松中がストイックに自分を追い込めば追い込むほど、周囲からはプレーオフの再現を危惧する声があがった。4番という重圧が、松中を縛っているのではないか。

以前、王監督が松中について珍しく「もっと気軽に打席に立てばいいんだよ」と語ったことがある。言った後で、すぐにつけ加えた。

「他人が言うことではないんだけど」

現役時代、同じようにストイックに野球を追い求めてきた王監督だからこそ、松中の生き様を理解できるのかもしれない。あれだけ数々のタイトルをほしいままにした王監督をして、14度出場した日本シリーズでは、シリーズMVPに一度も選ばれていない。

「野球人として、自分を追いつめていく選手は少ないかもしれない。その必要もないかもしれない。でも、自分の一番身近にそういう王監督がいらっしゃる。監督はそういう野球人生を歩んできたんじゃないかと思うんです。9年間身近にいて、いろんなことを教えてもらった。最初は監督を雲の上の人だと思っていたんですが、だんだん身近な存在に思えるようになりました。そういう気持ちになってみると、王監督みたいな人間、野球人になりたいという思いがどんどん大きくなる。監督はもっと大きなプレッシャーの中でやってきた。ぼくのプレッシャーなんて大したことじゃない。もっともっと追い込んで、もっと成長して監督に近づきたい。監督の域に近づけばわかることも多いと思う。だから自分を追い込んでいるところもあります」

準決勝の韓国戦。第1、第2打席は、いずれもイチローを得点圏においての凡打だった。

「4番打者が何とかしなければという気持ちが力みになってしまった。第3打席は塁に出ることだけを考えていました」

0対0の7回、先頭バッターだった松中はライト線を破るヒットで、痛む足を引きずりながら、二塁ベース3m前からダイブした。ベースをこぶしで叩き、ほえる松中。なりふりかまわない4番の姿は、チームメイトを鼓舞した。不振でスタメンからはずされていた福留孝介が代打で先制の2ラン。

「あの松中さんの姿を見て何も思わないわけない」と福留は後に語っている。

翌日に決勝をひかえた3月19日、練習を終えると、松中は王監督に呼ばれた。裏方、選手全員を集めて総決起集会をするので幹事をするよう指示を受けたのだ。

「決勝戦はみんなで戦おうと思えるようになれた。監督は、『オレが頼りないから、みんなが助けてくれた』と言ったけれど、4番も頼りないからみんなに助けてもらえたと考えることにした」

決勝戦、松中は吹っ切れたように打った。第1打席の遊撃内野安打、第2打席の右前安打、第3打席も追加点となる右前への快打。そして第5打席は敬遠までされているのだ。足をひきずりながら、2度、犠牲フライでホームに還ってきた。

「自分はどこかで短期決戦では弱いのではないか、結果が出せないのではという意識が、トラウマのような形で残っていた」

松中が4番の重圧について、初めて本音を吐露したのは、すべてが終わった後だった。終わってみれば、全試合に4番で出場し、打率4割3分3厘。これはレギュラー陣でトップの数字だった。

優勝した翌日、代表チームは解散する。別れを惜しむ選手たちは、早く夜の街へ繰り出したかった。だが、日本の優勝に取材が殺到している。王監督は松中だけを残し、二人でテレビ各局の取材を受けた。松中は、一刻も早くチームメイトに合流したいと思いつつ、監督からの信頼がうれしくもあった。

（永谷脩）

［戦士達の証言］

川﨑宗則

「51番を夢見て」

溌剌としている。謙虚であり研究熱心でもある。この男のプレーは、見る者をいつのまにか楽しい気分にさせてしまう。世界の大舞台で憧れのイチローと交わした「無言の会話」が、彼をまたひとまわり大きくするだろう。

52

Munenori Kawasaki

アメリカに敗れた直後、イチローは川崎宗則のもとへ歩み寄って、こう声をかけた。

「ナイスゲーム」

川崎はその言葉を聞いて、我に返った。

「イチローさんに次もあるからなって言われて……負けた瞬間には切り替えられなかったんですけど、あの一言で、そうだよな、まだあるし、また行こうと思えました」

実は、川崎は高校時代、〝サツロー〟と呼ばれていた。鹿児島県の鹿児島工出身。小柄な体格とバットコントロールの巧さから、彼は〝薩摩のイチロー〟として名を馳せていた。

「だから、今回は憧れの人と一緒に野球ができて、ホントによかったです。イチローさんからもらった言葉はどれも身に染みてますけど、言葉よりも行動が目に焼き付いていますから。ことわざにもあるじゃないですか、百……なんでしたっけ……そう、百聞は一見にしかず。まさしくそれです（笑）」

日本代表では、いわゆる〝イチロー・チルドレン〟の象徴的存在でもあった。クラブハウスのロッカーでは、他のチルドレンとイチローの隣を争った。イチローに鮨を食べに連れていってもらえば、ことごとくイチローと同じネタを注文した。メンバー全員でサインをするような時には、こっそりイチローのすぐ下にサインをした。さらに今シーズン、ユニフォームの裾を上げてストッキングを出していたイチローのスタイルを、ホークスで真似るつもりなのだという。一から十まで、川﨑はイチローを追いかけ続けた。

プレーでも、刺激を与えられた。たとえば、こんなことがあった。1次リーグ、東京ドームでの台湾戦のことだ。1死一、三塁で、ライトに飛んだヒットの打球を処理したイチローが、サード方向へボールを投げた。低い弾道で内野に返ってきたその送球を、ショートの川﨑がカットした。そのままスルーしていれば、ひょっとしたら一塁ランナーを三塁で刺せたかもしれないという場面。川﨑は、あえてその送球をカットした。そして、その翌日の韓国戦。一死二、三塁の場面で、今度はライトにフライが上がった。誰もがホームへのバックホームを予測したその瞬間、イチローは迷わずにサードへ送球した。前日と同じような低い弾道のケースで、今度は川﨑はスルーしてサードに直接、送球を捕らせた。

「イチローさんの送球は、カットしても、そのままスルーしても大丈夫だという低いボールでした。だから僕の判断が必要だと思って、台湾戦の時はカットしたし、韓国戦の時はスルーしました。内野手としての判断が求められていましたし、そこはイチローさんに任せてもらってるんだなと思いました」

普通、ライトがランナーを三塁で刺そうとすれば高く、ショートにカットしてもらおうとすれば低い弾道のボールを投げる。しかしどちらのケースでもイチローはあえて川﨑に低い送球を投げて、スルーするか、カットするか、その判断を川﨑に託したのだ。

イチローが川崎を認めていた何よりの証でもある。
「今回の相手はメジャーリーガーが多かったけど、それでも本気で勝ちにいっている自分がいました。そういう雰囲気を作ってくれたのはイチローさんでした。野球というスポーツがこんなに楽しかったのかと教えてもらいましたし、初めて野球をしているような気持ちに戻れました。もっともっとうまくなりたいし、早く明日が来てくれないかな、早くボールを握りたいなって感じです」

決勝のキューバ戦。3番に入ったイチローに代わって、川崎はジャパンのトップバッターを務めた。最後の舞台で、51番のいた場所に辿り着いた52番。しかしそのゲーム、川崎は5打数ノーヒット。2つのエラーもあって最後、優勝の瞬間には宮本慎也に交代させられ、ベンチで歓喜の瞬間を見届けた。
「ホント、いい経験になりましたし、すごく刺激になりました。上には上がいますけど、僕にも可能性はあると信じて精進します」

（石田雄太）

［戦士達の証言］

渡辺俊介

「サブマリンの神髄」

「アンダースローというだけでは通用しない」
きっぱりとそう言った。問題はフォームではなく、
いかなる球を、どのように繰り出すか、だ。
地上10㎝を這うサブマリンは、日本野球の
到達点を、堂々と世界に示した。

31

Shunsuke Watanabe

李承燁（イ・スンヨプ）の打球は、鋭い角度で、上がった瞬間は先制ホームランかと思われた。しかし急激に失速した。結局、右翼のイチローが捕球した時はフェンスから5ｍくらい手前で、平凡な右飛と言っていい当たりに終わった。

3月15日、2次リーグの韓国戦。渡辺俊介は6回、この日3度目となる李との対戦で、大胆に内角を攻めた。そして、この右飛に打ち取ったところでマウンドを降りた。

正確に内角を攻めているから、打球はバットの根っこの方に当たっていた。だから、上がった角度はよくても飛距離は伸びない。これもまた、渡辺の持ち味だった。74球。6回で1安打2四球無失点。80球という球数制限がなければ、完封できたかも知れない。

それでも6イニングというのは、2次リーグで投げた日本の投手の中では最長イニングだった。最終的に米国と失点率の差、わずか0・01で準決勝に進出したことを考えると、韓国を6回無失点に抑えた渡辺の投球は、非常に価値のあるものだったと言える。

キューバとの決勝では、松坂大輔のあとを受けて5回から登板。3失策でバタついたものの、8回の先頭を二塁内野安打で出すまで、試合は作った。「彼（松坂）のあとに投げるとストレートだけで30㎞の緩急がつく」と渡辺。この言葉は、王ジャパンの売り物を最も的確に表現した一言だったかもしれない。

昨年12月、WBCのメンバーが発表された時、王貞治監督は、渡辺をエース格として選出した理由について次のように語っている。

「渡辺君の特殊性は、国際試合には必要となる。昔なら大友さんとか、最近では川尻君とか、サイドで制球のいい投手は打者を苦しめている」

王監督の口をついて出た「大友」とは、1950年代に巨人で最多勝を2回獲得しているアンダースロー、大友工のことだ。「打者を苦しめている」というのは日米野球での話。実際、日米野球の歴史上で、アンダースローが活躍してきたのは事実だ。シーズン終了後の親善試合での成績に、どれほど意味があるのか、という見方もあるだろうが、細かく見ていけば意味を見出すことはできる。

大友の場合、まず'53年のニューヨーク・ジャイアンツ戦だ。この年のジャイアンツは、全日本、全パ、全セ、巨人などと14試合を行って12勝1敗1分。しかし唯一の敗戦というのが、大友に1失点完投で負けた試合だった。

'58年のセントルイス・カージナルスも14勝2敗。そのうち1敗は杉浦忠に2失点完投で敗れている。'71年のボルチモア・オリオールズは12勝2敗4分。そのうち1敗は山田久志の2失点完投だった。このように、大リーグ球団が圧倒的優位を誇っていた時代、わずかな日本の勝利は、アンダースローによってもたらされたケースが多かったのである。

最近では'98年、66本塁打の記録を作ったサミー・ソーサを含む全米オールスターが6

勝2敗と勝ち越した年も、そのうち1敗は、川尻哲郎が8回1／3無失点と快投している。王監督がいち早く渡辺に「君を中心に考えている」と声をかけたのは、こうした歴史的事実に基いた判断でもあったわけだ。

　こうした、アンダースローに対する評価について、渡辺は大筋で同意している。日本に比べれば、北中米にアンダースローは歴史上少ないし、渡辺のように地面スレスレから出てくる投球には戸惑うだろう。しかし「低い位置でボールを放す」というだけで、いつまでも優位を保てるわけではないと彼は言う。もっと重要なのは、下から投げることによって（上から投げるよりも）原理的にボールは遅くなるのだから、遅いボールをどう武器にしていくのか。この「遅いボールの生かし方」こそ、アンダースローの神髄なのだと言う。WBCの開幕直前、彼はこう語っていた。

「山田さんも杉浦さんも、日米野球だけでなく、日本国内でも、凄い成績を残していたわけですからね。誰が相手でも、抑えられる投手だったわけです。WBCで対戦する相手も『アンダースローだから』というだけで、通用する相手じゃないと思います。まず、日本国内で抑えられる投手にならないと。僕にしても、去年、日本である程度成績を残せた。その経験で勝負できればと思っています」

　メジャーリーグだけでなく、韓国野球にも遅い球を武器にした投手は少ない。それは今回の、韓国代表の投手陣を見ても分かる。朴賛浩（パクチャンホ）、金炳賢（キムビョンヒョン）といった大リーガーだけでなく、国内でプレーしている若手の代表選手も、素晴らしい速球を持った投手が目立った。

その意味では、北中米の打者同様、韓国の打者に対しても、渡辺の投球フォームと、遅いボールを駆使した投球は有効だった。1次リーグと2次リーグ、2度の韓国戦で4回2／3、3安打1失点と、6回1安打無失点。防御率にすれば2試合で0・84だ。

韓国用、というより、WBC用の投球スタイルがあったとすれば、普段以上に遅い球が多かった点だろう。1次リーグの韓国戦は、60球の中で最速126㎞。125㎞以上は2球だけだった。あとは96㎞から120㎞台の前半だ。この球速で、打者20人に対し、外野に打球が飛んだのはヒットを含めて5本だけだった。ほとんどは内野への打球。いかに渡辺の遅いボールを、バットの芯で捉えることができなかったか、ということだ。やはり、フォームを見て打者が想像するボールと、実際に来る球が一致しないのである。だからタイミングがずれて十分なスイングができない。

加えて、韓国戦で、渡辺にはアドバンテージもあった。今回の韓国打線で最も危険だった選手が、昨年までの僚友で、よく知っている李承燁だったことだ。2次リーグまでの計6試合で打率・400、5本塁打、10打点の大当たり。長距離砲の李に対し、正攻法なら外角低目中心になったのだろうが、捕手もロッテの里崎智也だったから、2人で、李の本当の弱点を的確に攻めることができた。大きな変化球は使わず、大胆に高目や内角を攻める。その結果、4打数無安打に封じた。最も危険な選手を最もよく掌握していたことで、好投につながったと言える。

ＷＢＣに際し、渡辺に関して懸念があったとすれば、いわゆる二段モーションの問題と、表面が滑りやすいＷＢＣ用のボールだった。

二段モーション問題とは、左足を上げた時に、一瞬止まっていたこと、これが国際試合では（そして'06年以降の日本プロ野球でも）二段モーションでボークと判定される可能性があった。左足を上げた時、上体をしっかりと右足に載せ、体重移動の起点を明確に作ることは彼にとって極めて重要だったから、この部分を変えると、重大な影響が出るのではないかと心配された。この点について、彼はこう語っている。

「12月の時点で解決していました。左足を止めなくても、右足の軸に重心が乗った感覚を保てるように、ということで、ピッチングではなく、トレーニングで解決しました」

左足を止めずに、いかに重心を自覚するか。彼自身、これをオフの最重要課題と捉え、いち早く取り組んだようだ。

一方、ＷＢＣ用の「滑るボール」は、1次リーグの韓国戦、3死球という形で、その影響が現れた。三つとも、ボールが指の間を抜けて、右打者に当たったものだ。「僕の場合、純粋なストレートってないですから」と言っているように、リリースの瞬間、常に指先で微妙な回転を与えるピッチングだけに、ボールの表面が滑ると影響を受けやすい。5回に取られた唯一の失点も、死球絡みだった。

しかしそれも、2次リーグで再戦した時は修正されて、死球はゼロ。打者21人で、外野に飛んだ打球は4本だけだった。パワーに頼らない渡辺にとって、このような修正能力の高さこそ、野球界を生き抜くポイントなのだ。

「日の丸を背負ったら、求められるのは結果です。派手なパフォーマンスとか投球内容ではなく、とにかく勝つことを求められている。五輪と違って今回は野球だけ。日本球界の代表という気持ちはあります」と彼は言う。

渡辺が日本代表に選ばれたのは今回が初めてではない。新日鉄君津時代、'00年のシドニー五輪に出場、予選リーグでキューバ戦に登板して主砲キンデランに3ランを打たれている。

「あの時は自分のことで精一杯でしたからね。プロに頼ろうという気持ちも強かった」

今回、日本の先発を担った三本柱の中で、渡辺だけが異色だ。松坂大輔は高校時代から全国区スター。上原浩治もドラフト1位で巨人入り、1年目に20勝を挙げて不動のエースとなった投手である。一方、渡辺はドラフト4位でロッテ入り、開幕から先発ローテーションに定着したのはプロ4年目、わずか2年前の話だ。素質と経歴、どちらから見ても、2人とは比べることはできない。

一体何が、彼を「日本の三本柱」にまで引き揚げたのだろうか。一つ確実に言えることは、あらゆる機会に何かを学ぼうとする姿勢を、プロ入り後も、常に持ち続けたことだ。'04年の日米野球に出場した時は、親善試合ではあるものの、WBCにもつながる、次のような教訓を得たという。

「最初は『ボール球を結構振ってくれるんじゃないか』とか『大きな変化球で空振りを取れるかな』とかいろいろ思ってたんです。でも、どの国でも一流のプロ選手は、選球眼はいいし、器用にさばく。自分でイメージしていた外国人とは違いましたね。で、途中から、じゃあ普段と同じようにやってみようと思った。小さな変化でゴロを打たせるとか、打者を見ながらタイミングを外すとか。そうしたら、その方がうまくいったんです」

成長してなお、絶えざる創意工夫。ピッチングに問題が生じた時「より速い球を投げるのではなく、より遅い球を投げることによって、問題を解決してきた」とは〝精密機械〟グレッグ・マダックス（カブス）の言葉だが、渡辺にも、まさに同じことが言える。

どうすればアンダースローであることを武器にできるのか。小さな変化球、わずかなタイミングのずらし方。こういったことを追求して日本の三本柱となった渡辺は、やはり王ジャパンの中で、日本野球の独自の文化を最も体現していた選手だったのではなかろうか。

（小川勝）

［戦士達の証言］

宮本慎也

「主将が見た王ジャパン」

最後の最後、30番目の選手。レギュラーとしてチームを牽引できないのは分かっていた。それでも控えとして、チームを支えることはできる。代表のユニフォームに自分の身を捧げる――。主将の重責は、この男でなければ背負えなかった。

10

Shinya Miyamoto

思った以上に冷静だった。

3月18日の準決勝。韓国との3度目の対決は7回を迎えていた。日本はこの回、福留孝介の2ランと里崎智也の二塁打で3点を奪い均衡を破った。なお2死三塁。韓国の戦意を完全に削ぐためには、どうしてもあと1点が欲しい場面だ。ここで代打として起用されたのがチーム最年長の宮本慎也だった。

「最初はボールについていけるか不安だったですけど、打席に立ったらそういう感じは不思議なぐらいになくなっていましたね」

実戦の打席は3月10日、アリゾナ合宿のブリュワーズ戦以来、実に8日ぶりだった。しかもその8日間に、控え選手として割り当てられた打撃練習の時間は1日あたりほぼ5分。合計しても1時間に満たない時間しか、ボールを打つこともできていなかった。それでも持ち前の冷静な観察眼は、マウンドの右腕・孫敏漢（ソンミンハン）投手のわずかな仕草を逃さずに捕らえていた。

「ああいうピンチの場面の初球に、キャッチャーのサインに首を振って、投げてきたのがフォークでした。それで〝ああ、このピッチャーはフォークに一番、自信を持ってるんだな〟って思った。そうしたら、2球目もまた首を振ったんで、〝次も絶対、フォークだ！〟って確信を持ちました」

頼りない実戦の勘は、鋭い読みで補うしかない。カウント0—1からの2球目。狙い通りにまん中ややインコース寄りに投げ込まれたフォークの落ち際を、狙いすまして引っ張った。打球はきれいに三遊間を破った。三塁から里崎がホームを駆け抜け、日本の勝利を実質的に決めた4点目がペトコパークのスコアボードに刻まれた。

自分の居場所を見失いかけていた。

イライラが募る日々は、代表合宿が始まった2月20日直後から続いていた。チームがひとつにまとまっていかない。

「思っていたものと全然違うものでした。自分自身の中ではがっかりした部分もあったけど、何とかしなければという焦りも募っていきました」

宮本は王ジャパンでは、最後の最後の30番目に代表に選ばれた男だった。予定していたホワイトソックスの井口資仁が1月に入ってから出場を辞退。中日の荒木雅博に代替出場を要請したが断られた。その結果、アテネ五輪の日本代表チームで主将を務め、二塁と遊撃を守れることから、候補選手にも入っていなかった宮本に白羽の矢が立ったのだった。出場を内々に打診された時点で、宮本は即決した。

「やっぱり国の代表ですから。断る理由はないでしょう。それにあのキリキリとした緊張感の中に、また身を置きたいというのもありましたね。日の丸を背負って試合をすることの重み。その重みを心と体で感じながらグラウンドに立つわけですから。その中で自分にできることは必ずあると思った」

出場を了承した時点で、チーム内での自分の立場も十分に理解していた。ショートにはすでにソフトバンクの川崎宗則が選出されていた。アテネ五輪のときのようにレギュラーとしてグラウンドでチームを牽引できないことは分かっていた。それでも控え選手として、チームを後ろから支えることはできるはずだと思った。そのポジションでも納得して「JAPAN」のユニフォームに自分の身をささげる覚悟だった。

だが、日本ラウンドが始まっても、求めていた「キリキリとした緊張感」はチームに感じられなかった。

「宮本さん、動いてくださいよ」

アテネ五輪を経験した選手からは、沈滞するチームのムードにそんな声が起こった。予選から本番までに約半年の空白期間があり、チームのメンバーも替わったアテネ五輪でも、当初はチームがなかなか機能せず、苦労した部分はあった。それでも宮本が音頭をとって選手同士で何度もミーティングを重ねて、次第にチームがひとつにまとまっていった。

「こういうチームに一番必要なのは、言いたいことを言える環境があること。そしてその上で、みんながチームのためにって思えるかどうかなんです。集まってきた選手はそれぞれチームでは主力ばかり。自分を中心にチームが動いてきたプレーヤーばかりですからね。でも、ここにきたらそういう選手が、どれだけチームのために動けるか。そういう気持ちを持てるかなんです」

そういうムードにチームをどうやって持っていけるか。だが、宮本自身は動きづらい部分もあった。だから、イチローと積極的に話をした。イチローがリーダーとして動きやすい環境を後押しする。それがチームを機能させていくのに最善の方法だと思い、そのためにどうしたらいいのかを考えた。

1次リーグが開幕した3月3日の東京ドーム。2次リーグに入る前日の11日のエンゼル・スタジアム。練習の前に選手だけで円陣を作り、その輪の中心にイチローがいた。

「どう思う?」

「ちょっとまずいですね」

「それじゃあ、ちょっとしゃべってくれるか?」

「分かりました」

何となくまとまりを欠くチームに対する宮本の問いかけに、イチローが答える。結果としてグラウンドで選手だけのミーティングが二度行われた。

こうした積み重ねで、何とか歯車をひとつずつ動かして、少しずつでもチームとして機能させていくしかないというのが宮本の考えだった。

そしてもうひとつ、チームへのメッセージを託して起こした行動が、打撃投手としての志願登板だった。

イチローや松中、若手の西岡、川﨑らを相手に試合前のマウンドに上がった。丁寧に心をこめてストライクを投げ込んでいく。1回で100球近くを投げる。ストライクゾーンを外れるボールは、あっても2、3球だった。本職はだしのコントロールは後輩たちからも〝絶賛〟された。

「少しでも主力選手に気分よく打ってもらおうと思って……」

マウンドから降りた宮本は、こう話すとはにかむような表情をみせた。

試合に出場する機会がほとんどないだけに、何とかチームのためにできることをやりたいという思いからの行動だった。と、同時に、自分が投げることで打撃練習のときから、いい意味での緊張感をチームに持ってもらいたいという思いもあった。だからこそ一球一球に誠心誠意の魂を込めてボールを投げ込んでいった。

「やれることをやるしかない。あとは若い選手たちがこれにどう響いてくれるかですから」

額から流れ落ちる汗をぬぐって宮本はグラウンドを動き回る後輩たちへ視線を送った。

キューバを撃破して手にした世界一の座。勝利のセレモニーで沸き返るペトコパークにそんな後輩たちの声が響いた。

「宮本さん、持ってくださいよ！」

差し出されたのはティファニーが製作した純銀製のWBC優勝トロフィーだった。カクテル光線を浴びて、まばゆいばかりに光り輝くそのトロフィーを抱えて、宮本は照れくさそうな笑みを浮かべながらグラウンドに立っていた。

「みんなが気を使ってくれているんですよ。やっぱり勝ったという事実は大きいと思います。日本が世界一なんですから。それに野球界がこういう状況の中で、日本中が盛り上がってくれたという話を聞いて、本当によかったと思います。でも、だからこそこれから先が大変だと思う面もある。

自分のメッセージがチームの中で伝わったかどうかは、はっきり言って分かりません。でも、僕は代表のユニフォームを着るのは、これが最後だと思っている。だからこそ、何かを伝えたいと思うし、自分自身でも何かをつかみとって帰っていかなければならないと思っていた。そういう意味では自分がもし将来、指導者になるならば、そのときのためにいい勉強ができた1カ月だったと思います」

そう語ると宮本はフッとこんなことを漏らした。

「忘れられない場面があるんです」

それは2度目の韓国戦に敗れた試合後のベンチの風景だった。

アテネ五輪ではオーストラリアに敗れ、金メダルへの道を絶たれたとき、全員が涙を流した。しかし、準決勝進出の道をほぼ絶たれたこのとき、選手たちは言葉を失ってはいたが、涙を流すものはいなかった。その中で今大会では控えでほとんど出場機会に恵まれなかった和田一浩が、目を真っ赤にはらして涙を流していた。

「選手としてはあれだけ苦しい思いをしてベンチに座り続けてきたのに、チームを思ってあそこで泣ける。そんな勉ちゃんは凄いと思いました。ああいう気持ちが大事なんです。あんな選手が集まったチームならば、絶対に強いチームになると思うし、そういう心を日の丸を背負う選手たちは受け継いでいかなければならないと思う」

しかし、現実には涙したのは和田ひとりだった。

長い1カ月だった。

ある意味、予想以上につらい1カ月だったが、最後の最後で世界一という最高の勲章は手に入れることができた。アテネからWBCへ。国という今まではグラウンドの上では意識したことのなかった重さを背負った宮本慎也の旅は、どうやらここで終わるようだ。

「来てよかった？　ウーン……最後に勝てましたからね」

胸に下げた金メダルを見つめて、背番号10は静かに笑った。

（鷲田康）

［密着ドキュメント］

王貞治「もっとも長き30日間」

栄光への道程は、決して平坦ではなかった。
選出メンバーの相次ぐ辞退、スタッフの不足、
計り知れないシーズンへの影響……。
前例のない世界大会、国民の期待を一身に負った
指揮官は、いかにして代表を導いたのか。

89

Sadaharu Oh

世界一の選手たちを乗せた日本航空のチャーター便は、3月21日14時50分、サンディエゴ空港から成田空港へと旅立った。

「来た時と帰るときの気分がこんなに違うのも珍しいな。サンディエゴは間違いなく忘れられない街になる」

エアポートバスに乗りこむ前にこう漏らした王貞治監督。こけた頬には1カ月分の苦悩が刻まれていた。

「寝ようと思っても目が覚めてしまう。日本を出るときに最低でも準決勝と言って出てきたからね」

めったに弱気なことを言わない王がこうつぶやいたのは、2次リーグで韓国に敗れた後だった。準決勝進出はかなり厳しいものになった。アナハイムから準決勝の地・サンディエゴまでのバスに乗っての1時間半の旅は、暗い道のりだった。

サンディエゴに、王は評論家時代に滞在した経験がある。自らが理事長を務める「世界少年野球推進財団」がこの地で、第4回世界大会を開催したのだ。世界に野球を広めようと、アメリカの本塁打王ハンク・アーロンとともに始めたのが、少年野球の世界大会だった。王が現場に復帰することになった時、後をお願いしたのが、元巨人監督の藤田元司である。藤田は、「陰で応援するから」と王の日本代表監督就任を支援した一人だった。

その藤田がＷＢＣの合宿前の2月9日に急逝。霊前に駆けつけた王は、藤田にベスト4を誓ったのだ。

五輪競技から野球が外れ、日本でも野球人気に陰りが見える。現役の監督がシーズン開幕前の1カ月間チームを離れることに迷いはあったが、「泥をかぶる覚悟」で代表監督を引き受けた。少年野球の世界大会もＷＢＣも、野球を世界に広げるという意味で理念が一緒だと考えたのだ。

「第1回だから引き受けるべきだと思った。問題はもちろんあるが、やりながら解決していくしかない。最初に誰かがやらなければ、次に進めないいんだから」

ただ、取り巻く状況は厳しかった。全面協力を約束していた日本野球機構は、12球団の支援を確たるものにできなかった。メジャーで活躍する松井秀喜の協力も得ることができなかった。しかし、王は恨み節を言わず、「日本はメンバーの発表が早すぎた。メジャーのように2月になってからでもよかったんじゃないか」と庇(かば)うことさえした。

日本代表とはいいながらも、アテネ五輪の時とは何もかもが違った。専属のコックは帯同できず、食事は選手個人任せだった。バッティングピッチャーも足りず、宮本慎也が投げることもあった。

それでもメンバーが福岡ドームに結集した2月20日、王は報道陣にこう語った。

「最高のメンバーが最高の状態に仕上げてくれた。監督が何もしないから、コーチ陣が一生懸命に動いてくれたんだ」

サンディエゴに着いて、王はアメリカ対メキシコ戦の結果を待つ間、中華料理店に出かけた。「アメリカを飲む」とゲンをかついで27本、9回27アウト分のバドワイザーを仲間と飲み干した。

だが、王は自分たちの生死を決める試合のTVを見ようとしなかった。いや、見ることができなかった。試合は、日本対アメリカ戦同様、誤審がターニングポイントになった。再度の誤審がメキシコに火をつけた。

「準決勝進出の望みもないのに、メキシコはがんばった。これが国を背負うチームの意地なんだ」

周囲のメキシコ系アメリカ人が、サダハル・オーと知って、握手を求めてきて言った。

「俺たちがアメリカを倒した。汚いことは二度も続かないんだ」

サンディエゴに駆けつけた二女・理恵からの電話に王は思わず本音を漏らした。

「99・9%ないと思っていた。涙が出るほど嬉しかった」

店を出る時に引いたくじには、こう書かれていた。

“Your perspective will shift”（未来は明るい）

その夜のミーティングの席上、イチローからこう言われた。

「僕らに気を使わないでください。みんな監督についていきます」

イチローは王監督について、「パブリックな面もプライベートも全く変わらない人」と評している。選手たちは1カ月行動をともにする中で、日本野球のために、王が自らを捨てて、代表チームを率いていることを誰もが認めるようになった。「王監督に恥はかかせられない」(イチロー)、「王監督を胴上げしたい」(松中信彦)という言葉はチーム全員の共通の思いになっていったのだ。


準決勝の韓国戦になって、王は初めて動いた。これまで「決戦の場では少数精鋭にならざるをえない」と語り、スタメンを固定してきた。アメリカのマルティネス監督と主力との確執がチームの勢いに影響を及ぼしているという話を伝え聞いた時には、「スタメンを下げて、他を使うというのは、主力としてのプライドもあるし難しいことなんだ」と自嘲気味に語っていたこともある。選手に気をつかうあまり、采配にも遠慮があるように見えた。

しかし、この試合では「よほどのことがない限り、動かさない」と語っていたイチローを不振の福留孝介に代えて3番に置き、1番に青木宣親を起用した。

「韓国は過去の2試合ですべてカードを切っている。日本は二度やって同じ失敗をしたのだから、違うやり方を考えてもいい。うちにはカードが何枚も残っている」

試合前、王は全員の前で言った。

「終盤の1点がほしいときは、こっちが指示を出す。それまでは自分のバッティングをしてほしい」

0対0で迎えた7回、王監督が6番今江敏晃に代えて指名したのはスタメンからはずした福留だった。

「福留は代打といっても昨日まで3番を打っていた人間だよ。サイドスローの金炳賢（キムビョンヒョン）には左打者がいいと思っていたが、あそこまでやってくれるとは」

王も驚いた福留の2ランホームランが試合を決めた。投手の交代時期、福留、宮本の代打起用とズバリ采配はあたったが、試合後、褒めたのは、イチローだった。

「出塁したら、つねに盗塁をねらう。選手はあの戦う姿勢に何かを感じてほしい」

王JAPANは最低限の目標にしていたベスト4を上回る決勝進出をはたした。

決勝の試合前、王は別れを惜しむかのように、出番の少なかった控え選手たちに声をかけた。病後で苦しんだ和田一浩、ベテランの宮本、谷繁元信。若手の新井貴浩には打撃理論まで語っている。ここまでこれたのは、それぞれのチームに帰れば主力選手でありながら、代表では控えに甘んじてくれた選手たちの貢献があればこそと思うようになっていた。

優勝を決めると、王は次々と控え選手や裏方と手を握り合い、最後にイチローとしっかり抱き合った。

続くシャンパンファイト。王は珍しく、子どものように喜びをあらわにした。

「諸君はすばらしい。今日はとことんやろう」

そう言って、自らが先頭に立った。松中を筆頭に選手たちが次々とシャンパンをかけにきた。福留は言った。

「1カ月一緒にいて、遠い存在が最後の5日間で、うんと近い存在になった」

「世界の王」が「俺たちの監督」になった瞬間であった。

優勝を決めても、口をつくのは選手を讃える言葉ばかりだった。

「最初はどこでもそうかもしれないが、ごたごたしていたと思う。だが、戦って勝つうちに、チームは一丸となってきた。私は国際試合の経験が少ないので、メジャーにいるイチローと大塚に投打を任せていたが、チームをよく引っ張ってくれた。この大会を通じて、野球って、素晴らしいなということをみなさんにわかってもらえたのがうれしかった」

サンディエゴで飲んだのが「アメリカを飲む」ためのバドワイザー。帰りの飛行機でそっと口にしたのは日本酒〝花の舞〟。待ち受ける熱狂を知らずに眠りについたという。

（永谷脩）

1
Column

野球の母国で何が起きたのか。

アメリカは誤審をどう受け止めたのか

日本のツヨシ・ニシオカが、タッチアップのときに三塁ベースを離れるのが早かったとして、主審にアウトを宣告されたが、このジャッジは間違いだ」

3月12日のWBC日米決戦を中継していたテレビ局、ESPNのアナウンサーは試合中、こう断言した。

望まずとも、誤審により勝利を与えられたとするならば、誇り高きメジャーリーガーたちは、このことをどう感じたのだろうか。

この日、主審を務めたボブ・デイビッドソンが、「ニシオカはセーフ」という二塁塁審の判定を覆した直後から、ESPNは、2分割画面とスローモーションを駆使して、このプレーを繰り返し放送した。

ESPNのトッププロデューサー、パトリック・カバナーはいう。

「我々の目的は、試合中の出来事を常に正確に、偏見を省いて視聴者に届けることにあります。放送機器が発達したいまでは、正しい映像を伝えることが可能になったのです」

新聞やインターネット上でこの試合の内容が報じられる頃、アメリカ全体がこの主審は間違いを犯した、という結論で一致していた。

翌日のニューヨークタイムズは、「ベースボールは、えこひいきに対する非難からは逃れられないだろう」と報じ、FOXSports.com はこう指摘した。

「メジャーリーグの審判も完全無比の人間ではない。もしプレーオフでとんでもない間違いを犯せば、彼らは単にその不完全さを糾弾されるだけであり、えこひいきを非難されることはない。だが今後、ＷＢＣがメジャーな大会に成長していくのであれば……えこひいきの非難を免れるためにも、ゲームの審判団は、中立国で組織されるべきだ」

さらに、当事者である日本人は、こんな詮索をしていたと聞く。このアメリカ人主審は愛国心のあまり、論議を巻き起こすようなジャッジを下したのではあるまいか――。

今のところ、アメリカの世論において、デイビッドソンのジャッジがナショナリズムに根ざした過ちだったとみなす向きは少数である。

〝彼は、かつてメジャーで、現在はマイナーリーグに所属するプロの審判であり、ありのままをジャッジすべく全力を尽くしていた〟

これが大方の意見なのだ。その公平性が疑われるかわりに、審判としての能力が論議の対象となっているのである。あの、人の注目を集めようとするジャッジがまた問題になったのか、というわけだ（彼は'98年、マグワイヤの66本目の本塁打を取り消している）。

一部の日本人は、誤審騒動直後の8回裏、続いて三振に倒れたデレク・リー、デーモンの姿を見て、不可解な判定に、アメリカ代表がやる気を失ったと感じた、ということだが、9回のA・ロッドの劇的なサヨナラ安打とその喜びようを見れば、それは間違いだとわかるだろう。

その後、アメリカ対メキシコでの本塁打の取り消しなどもあったが、メジャーリーガーや、私たちアメリカ人は、審判問題を〝恥ずかしい〟とは考えていない。なぜなら、過去を忘れて、現在のことに集中するということができなければ、年間162試合も戦うメジャーリーガーは勤まらないのである。また、ベースボールとは、マウンドに立つもの、バッターボックスに立つものたちによって成り立つ競技であり、ほかの要素が与える影響（たとえば審判など）は、たかが知れている。

ESPNのカバナーもこう指摘する。

「誤審は、あの試合のアメリカに対して、何の影響も与えなかった、と断言できる。また、（本塁打が取り消された）今大会最後の試合である、メキシコ戦においてもね」

アメリカの早期敗退と、デイビッドソンの一連のジャッジをつなげて考えるべきではない。それは、準備不足だったアメリカがちょっとだけ授かった、幸運のたまものとみなすべきだろう。

（ブラッド・レフトン）

優勝候補は何故、負けたのか

アメリカ代表の2次リーグ敗退が決まった夜。バック・マルチネス監督はもちろん、デレク・ジーターといったドリームチームの選手たちに、大会を通じて繰り返された質問が再び激しい調子で浴びせかけられた。

「あなた方はWBCに真摯に臨んだのか？」

「準備不足だったのではないか？」

マルチネス監督も選手も同じような答を繰り返すばかりだった。

「クラブハウスの中はガックリした連中ばかりだ。我々は常に勝つための準備をしてきた。どのチームも我々に対して想像以上にタフで、素晴らしいプレーをやったのだ」

しかし、この言葉はすべての真実を語ってはいない。なぜなら今大会のアメリカ代表が真剣に勝利を目指していたようには見えなかったからだ。実際、1次リーグを突破できたのも他力本願。この大会で編み出された『勝敗が並んだ場合、当該チームによる失点率で勝者を決定する』という〝マジック〟に救われたお陰だった。マルチネス監督は敗因のひとつに打撃不振を挙げる。6試合で総得点こそ33点だが、メジャーリーガーがひとりもいない南アフリカ共和国相手に17点取った試合を除くと、5試合の平均得点はわずか3・2点。

ベンチ・コーチのデービー・ジョンソンは、選手のコンディションに問題があったという。

「選手のコンディションは60〜70%ぐらい。この時期は打者より投手の仕上がりが早いので、調整が進んでいた他チームと余計に差が出た。メジャーの選手は試合をこなしながら調子を上げていくので、一発勝負のような今大会での戦いを非常に難しいものにした」

調整不足は明らかだったが、危機感は全く感じられなかった。ミニキャンプ初日から2次リーグ敗退までの約2週間、個人で特打している姿をみかけたのはケン・グリフィー・ジュニアひとりだけ。ミニキャンプも、大会直前の4日間、1日はジャイアンツとの練習試合だったので、実質は3日間だ。1日3時間弱の全体練習の中身も、基本的な投内連係や打撃練習と、まるでスプリングトレーニングの初期段階のようなものだったのだ。

調整中の選手を集めて国際大会に勝利するという至難の業に加え、マルチネス監督は、選手たちを万全な体調で所属チームに返すという大きな責任も負わされていた。

「選手たちを公平に起用する。私は平等にプレーする機会を与えながら、勝利を目指す」

監督のこの言葉通り、日本戦で3安打したマイケル・ヤングのような選手がいても、次の試合ではスタメンから外れることもあった。さらに、試合途中での選手交代も頻繁に行なわれた。それを見て、チームについているアメリカ人記者は皮肉を込めていった。

「オールスターゲームとの違いは自分の出番が終わっても帰らないことだ。オールスターのクラブハウスは、ゲームが終わる頃にはほとんど空っぽになってしまうからな」

代表チームの勝利と所属チームに選手を無事に戻すのと、どちらに優先順位があったのか。ジョンソンは苦しそうに答えた。

「どちらも大事なこと。ただ、選手会や代理人、球団などは選手の扱いについて毎日いろいろといってくる。監督はジレンマの中で、クレージーになっていたと思うよ。しかも、スター揃い、選手たちのエゴもあるし……」

アメリカ代表の準備不足と、大会への意識の低さは、相手チームに対するスカウティングリポートにも表れていた。捕手のブライアン・シュナイダーはこう語る。

「あまりに基本的なものばかり。例えば、ある打者が内角に弱いというデータがあっても、どう弱いのか、具体的な提示がなかった」

メキシコ戦の前、マルチネス監督は敗戦を予期していたかのように大会を総括していた。

「日本も韓国もミスをしなかった。スピード、投手力、ディフェンスがしっかりしていた。'60年代のメジャー野球はそうだったし、それが野球の本質だ。ワールドシリーズで最近勝っているエンゼルスもマーリンズも、昨年のホワイトソックスもそういう野球をやっている。マウンドが低くなり、球場が狭くなった今、ホームラン全盛時代にあるが、私は彼らのやっている野球があるべき姿だと思う」

WBCは野球の世界的な普及を大義に開催されたが、皮肉にも野球を誕生させたアメリカが敗戦をきっかけに、いわばスタイルの原点回帰を迫られることになるかもしれない。

（出村義和）

Column 2

長谷川滋利　配球徹底解析

山があれば、谷もある。2次リーグから決勝までの短い期間に日本にはいろいろなドラマがあったと思いますが、その中でも不変のものがありました。

それは、投手力です。今回のWBCのメンバーのほとんどは、今すぐメジャーで活躍できる実力を備えていることをこの舞台で証明しました。ただ、2次リーグのアメリカ戦と韓国戦では、相手を分析する準備が十分でなかったことが、肝心な場面で出てしまったのが残念でした。

本来、野球は長いシーズンを通して「平均値」を争うスポーツです。しかしWBCのような短期決戦では、与えられたデータを消化する時間がなく、短期間に優れた学習能力を発揮する必要があります。日本は2次リーグの段階では、データの表層部分に囚(とら)われすぎているという印象を受けました。特にアメリカ戦のアレックス・ロドリゲスにサヨナラ安打を打たれた場面に、それが出てしまった。

日本はWBCの開幕前に、メジャーリーグの数チームが使っているのと同じデータを購入したようですが、A・ロッドに関しては「インコースに弱点がある」という分析が載っていたはずです。だからこそ、9回裏2死満塁の場面でA・ロッドを打席に迎えた藤川君は、インコースに3つ続けて投げたのでしょう。しかし、A・ロッドの攻略に関して言えば、インコースが弱いという表現は、正確ではありません。「アウトコースの後のインコースに弱い」というのが正確なのです（インコースの対処法は、同じヤンキースであれば、A・ロッドはジーターよりも劣る）。

僕も含め、メジャーの投手たちは昨季までA・ロッドと対戦する時は、「外と内の2球勝負」という発想を徹底していました。たとえば、終盤のピンチの場面で対戦する時の定石はまず、外角ギリギリのスライダーを投げる。ストライクになればOKですが、ボールでも大丈夫。次に内角にシュート系のツーシームなどを投げ、ファウルでカウントを稼ぐ。もしストライクが先行していれば、また外角に伏線となるスライダーを投げておいて、最後はインコースにキレのある球を投げて詰まらせるのが常道。もちろん、三振も狙えます。

このように外角と内角を組み合わせ、2球を1セットにして考えないとA・ロッドを打ち取ることはむずかしい。藤川君のように3球続けてインコースに投げれば、いくら球に力があってもA・ロッドほどの打者ならば目が慣れて、打ち返してきます。事実、サヨナラの場面で打球が詰まっていたのは彼がまだ開幕前で仕上がっていなかったからでしょう。

Ａ・ロッドへの攻め方を見る限り、バッテリーと投手コーチの間で、外角と内角の「2球勝負」というコンセンサスが取れていなかったと想像します。あくまでデータはデータであって、その裏にある伏線を読み解かないことには宝の持ち腐れになる。2次リーグの時点では、日本は高い学習能力を生かすにはまだ時間が足りなかったのでしょう。

しかし運も味方して準決勝進出が決まり、韓国と三度目の対戦となると、日本投手陣の適応力の高さが生きてきます。特に上原君は相手を極端に警戒するより、自分の良さを前面に出したという意味で素晴らしかった。

上原君の長所は2ストライクに追い込むまでのテンポの良さと、追い込んでからの丁寧な部分が共存していること。大胆かつ慎重。これは投手の生命線と言っていい資質です。

韓国の中軸は実績もあり、しかも初球から積極的にバットを振ってくる。それでも上原君のように間合いをおかずポンポン投げていくと、いくら初球を狙っている打者でもすぐには対応できない。彼の投球を2試合見た感じでは、初球に甘い球が来ることが多かった。でもテンポが早くて間合いがうまく取れないから、打者も手が出ない。その間にカウントを稼いでしまうのが強味です。

そして彼の真骨頂は追い込んでから、丁寧に投げること。投球間隔も少し長くなり、コースを慎重についていく。打者は追い込まれると、厳しい球に手を出すしかない。準決勝では球審が外角のストライクゾーンを広めに取っていたこともあって、それにうまく適応して見事な投球を見せてくれました。

そして決勝のキューバ戦、松坂君もアテネ五輪で実際にキューバと対戦した経験を生かした投球だったと思います。キューバ打線の特徴は、韓国以上に初球からどんどんフルスイングで来ること。この日の松坂君は意識的にボールを散らしたように見えました。特に高目のストレートは威力がありましたね。僕が気に入ったのは一発を打たれた後も飄々としていたこと。引きずらない、後悔しない。気持ちの切り替えはメジャーで成功するために絶対に欠かせない能力ですから。

投球に関して付け加えれば、もし球を散らしたのが意識的でなかったとしたらそれは捕手の里崎君との呼吸がまだ十分でなかったからかもしれません。里崎君は外角を要求した後に、打者を幻惑するためミットと体を内角に持ってきます。そして投手が投球動作に入ると、ミットと体を一緒に外角に移動させる。僕が現役の投手だったら、ミットは外角に構えたまま、体だけを内角から外角に移動するようにリクエストしていたでしょう。そうしないと制球が定まらなかったからです。里崎君はメジャーで活躍できる素質を持っているので、細かい投手の好みを研究して、さらにステップアップしてもらいたいですね。

付け加えるならメキシコ戦での和田君の投球には、以前ヤンキースなどで息の長い活躍をしたジミー・キーを思わせる「投球術」を感じました。彼もメジャーで投げたら面白い存在ですよ。

今回のＷＢＣはアメリカ敗退という想定外の事態もありましたが、大成功だったし、面白かった。次回は日本も更に準備をして臨めるでしょうし、僕たちの世代もメジャーリーグでの経験を生かして、日本代表への協力を惜しまないつもりです。

（インタビュー・生島淳）

Column 3

江夏豊「守りは最大の攻撃である」

日本からテレビを通じて代表チームの戦いを応援させてもらった。日本野球が世界一。この快挙をひとりの日本の野球人として誇りに思う。

まず、最初に声を大にして言いたいのは、選手がいつもより1カ月早く、キッチリ調整して、WBCにあわせてきたこと。ホント頭が下がる。プロでやった者にしかわからないかもしれないけど、これがいかに難しいことか。今回のメンバーは何年もプロでやっている選手が中心。開幕にあわせる調整を体が覚えている。それを、1カ月早く仕上げるというのはいかに大変だったか。

今大会で一番、印象に残ったのは日本のピッチャーが素晴らしかったこと。特に先発の3人、上原、松坂、渡辺。これは、日本の誇る3人だよ。みんなタイプは違うんだけどな。

攻撃は最大の防御なりとよく言うけど、守っているようで、ピッチャーも攻撃してるんだよ。今回の先発はみんな攻めていくピッチャーだった。日本の攻撃は投手のピッチング、守りからリズムを作っていた。だから、守りが最大の攻撃になっていった。受けた里崎も大したもんだ。上原、松坂という知らない、しかも実績のある投手に対して、捕手はどういう配慮をするか。それは、いかに気配りして、気持ちよく投げさせるかということ。自分もオールスターなんかで、初めてのキャッチャーと組むことがあったけど、不安を持って投げる、不安を持って受ける。これは絶対によくない。見ていてピッチャーが里崎のサインに首をふるケースがほとんどなかった。彼が投手と数多く対話、会話している証拠じゃないかな。あらためてバッテリーにとって会話がいかに大事かを教えてくれた。自分を殺して、その日の一番いいボールをドンドンほうらしていく。やっていることはシンプルなんだけど、これが意外に難しい。今回は、里崎のキャッチャーとしての技量、野球センス、改めていいなあと。特に自分がピッチャーだから感じたよな。

守りということで言うならば、日本に準決勝で負けてしまったけど韓国の守備。韓国がノッてきたのは、日本との初戦の4回裏。西岡の当たりをダイビングキャッチしたライトの守備からだよね。今大会は守りがいかに大事か、あらためて教えてくれた。

ただ、台湾と中国が東京ドームの試合で外野のエラーがあったけど、アジアでドーム球場があるのは日本だけ。初めてのドーム球場に慣れるのは大変だったと思う。はやく同じレベルの戦いになってほしい。

それから、やっぱりイチローの偉大さを感じたね。日本野球における彼の存在感。画面を通して、イチローの姿、言葉でチームができていくのが伝わってきた。コメント一つ一つに重みがある。韓国戦に負けた時の「野球人生で最も屈辱的な日」。準決勝の前の「同じチームに3回負けることは許されない」。素晴らしい言葉だと思う。私は改めて今回、イチローファンになったよ。「このチームで戦えたことは最高の思い出になった」と言ってたけど、野球人にとって、野球の思い出を作ることが、一番の幸せになるし、これ以上の財産はない。

反対に松井秀喜は何で出ないの？　辞退した選手には悪いけど、小さく見えるよね。みんな、日本の球界で育ててもらったんじゃないの。恩返ししてほしかったな。

今回、疑問だったのは球数制限。1次リーグは65球。2次リーグは80球。先発にとって、満足のいく、自分をさらけだせる球数なの？

ピッチャーにとって配球は生命線だよ。プロならみんなストライクをほうれる。いかにボール球を投げて振らせるか、投げる勇気を持っているか。これがプロとアマチュアの違いなんだ。

野球というのはおもしろいもので、ストライクゾーンの球を打つとヒットになる確率が高い。ボール球を振らせて初めて凡打になる確率が高くなる。ならば、ボールをほうる技術を持たないと。そのプロの値打ち、配球の醍醐味をなくしてしまうよね。投手の技術向上を止めてしまうんじゃないかな。

それから、今大会で一番残念だったのは、アメリカがベスト4に残れなかったこと。キューバ、韓国、ドミニカ、みんな素晴らしいチームだけど、これはもうほんとに残念。審判の誤審の時、王さんが記者会見でコメントを発したよね。

「野球はアメリカが発祥の地なんだ」

発祥の地・アメリカがベスト4にいなかったのは悲しい。ジャッジの問題、あの審判を許していることも含めて、アメリカの野球界は大いに反省すべきだと思う。

まあ、第1回大会だから反省点はある。ただ、王さんも言ったように、初めはゼロから始めるんだから。

最後に言いたいのは、王さんのこと。メンバーはみんなチームに帰れば主力選手だよ。その選手たちを使う王監督の大変さ。ケガさせるわけにいかない。でも、勝たなければいけない。王さんにしかできなかったことじゃないかな。

何年も前から、王さんは野球の世界大会を提唱していた。今回初めての大会で関係者も気をつかったと思う。なかでも一番を気をつかったのが王さんだった。その王さんが報われて、ほんとによかったと思う。これは僕個人の願望かもわからないけど、ＷＢＣをきっかけに、王さんには一チームの監督ではなくて、日本の球界の頂点にたって、もっと野球界を引っ張っていってほしいと思っている。

今回、これだけ日本中が盛り上がって、あらためて野球のおもしろさ、真剣勝負の凄みが伝わったんじゃないかな。本当の意味での感動、感激を与えてもらった。野球にかかわる者として、そしてファンを代表して選手や王監督に大いに感謝したいね。

（インタビュー・ナンバー編集部）

地の巻（２００９年）

Yukihito Taguchi

苦しみの果てにつかんだ栄光。日本野球は二度世界を制した。

Japan

2009 WORLD BASEBALL CLASSIC 日本代表メンバー表

	背番号	氏名	所属	投／打	生年月日
投手	11	ダルビッシュ有	北海道日本ハムファイターズ	右／右	1986. 8.16
	14	馬原孝浩	福岡ソフトバンクホークス	右／右	1981.12. 8
	15	田中将大	東北楽天ゴールデンイーグルス	右／右	1988.11. 1
	16	涌井秀章	埼玉西武ライオンズ	右／右	1986. 6.21
	18	松坂大輔	ボストン・レッドソックス	右／右	1980. 9.13
	19	岩田稔	阪神タイガース	左／左	1983.10.31
	20	岩隈久志	東北楽天ゴールデンイーグルス	右／右	1981. 4.12
	22	藤川球児	阪神タイガース	右／左	1980. 7.21
	26	内海哲也	読売ジャイアンツ	左／左	1982. 4.29
	28	小松聖	オリックス・バファローズ	右／右	1981.10.29
	31	渡辺俊介	千葉ロッテマリーンズ	右／右	1976. 8.27
	39	山口鉄也	読売ジャイアンツ	左／左	1983.11.11
	47	杉内俊哉	福岡ソフトバンクホークス	左／左	1980.10.30
捕手	2	城島健司	シアトル・マリナーズ	右／右	1976. 6. 8
	10	阿部慎之助	読売ジャイアンツ	右／左	1979. 3.20
	29	石原慶幸	広島東洋カープ	右／右	1979. 9. 7
内野手	6	中島裕之	埼玉西武ライオンズ	右／右	1982. 7.31
	7	片岡易之	埼玉西武ライオンズ	右／右	1983. 2.17
	8	岩村明憲	タンパベイ・レイズ	右／左	1979. 2. 9
	9	小笠原道大	読売ジャイアンツ	右／左	1973.10.25
	25	★村田修一	横浜ベイスターズ	右／右	1980.12.28
	52	川﨑宗則	福岡ソフトバンクホークス	右／左	1981. 6. 3
	5	☆栗原健太	広島東洋カープ	右／右	1982. 1. 8
外野手	1	福留孝介	シカゴ・カブス	右／左	1977. 4.26
	23	青木宣親	東京ヤクルトスワローズ	右／左	1982. 1. 5
	24	内川聖一	横浜ベイスターズ	右／右	1982. 8. 4
	35	亀井義行	読売ジャイアンツ	右／左	1982. 7.28
	41	稲葉篤紀	北海道日本ハムファイターズ	左／左	1972. 8. 3
	51	イチロー	シアトル・マリナーズ	右／左	1973.10.22
監督	83	原辰徳	読売ジャイアンツ	――	1958. 7.22
コーチ	72	伊東勤	――	――	1962. 8.29
	71	山田久志	――	――	1948. 7.29
	92	与田剛	――	――	1965.12. 4
	63	高代延博	――	――	1954. 5.27
	81	篠塚和典	読売ジャイアンツ	――	1957. 7.16
	73	緒方耕一	読売ジャイアンツ	――	1968. 9. 2

★は途中離脱 ☆は途中参加

ROUND 1

CHINA 0-4 JAPAN
JAPAN 14-2 KOREA
KOREA 1-0 JAPAN

［第1ラウンド総括］

またしても韓国の後塵を拝し、不安のスタート。

日本代表の初戦、中国との試合に東京ドームを埋めた観客は4万3000人あまり。超満員だった。前回の最初の試合が1万5000人あまりしか集められなかったことと比較すると、ファンの期待の大きさは比較にならなかった。「世界一」の威光である。

参加国は変らなかったが、形式は少し変化があった。総当りではなく、ダブルエリミネーションシステムが採用された。2敗する前に2勝すれば、次に進める。日本の視線はほぼ韓国だけに注がれていた。優勝した前回も負け越している。前年の北京オリンピックでも完敗した。韓国代表はオリンピック王者であり、前評判も高く、格は同等といってもよかった。

中国を問題なく片づけた日本は、第2戦で韓国と対戦した。韓国の先発はオリンピックで活躍した左腕の金広鉉（キムグァンヒョン）。高速スライダーを武器とする韓国の若いエースである。しかし、日本打線の事前の研究に抜かりはなかった。低めに落ちるスライダーを捨てて、甘い球にねらいを絞り、コンパクトに叩く。

イチローが口火を切る。2球目を右前に持ってゆくと、2番中島裕之、3番青木宣親もつづき、あっという間に先制。さらに内川聖一の二塁打も出て、1回に3点を挙げた。2回も攻撃の手を緩めず、村田修一の3ランなどで5点。金をノックアウトし、試合を決めた。先発の松坂大輔をはじめとする投手陣も立ち上がりに2点を獲られたほかは安定した投球で韓国を抑えきった。

しかし、この試合で見せた韓国のもろさは、一面でしかなかった。韓国は次の日本戦でもうひとつの面、オリンピック王者らしい隙のなさを見せつける。

岩隈久志と左腕奉重根（ボンジュングン）の緊迫した投げあいで進んだ試合は、4回に韓国が4番金泰均（キムテギュン）のタイムリーであげた1点を4人の投手リレーで守りきり、最少得点で逃げ切った。日本の投手陣は岩隈はじめ力を出し切ったが、打線は韓国投手陣の力強い投球に抑え込まれた。けん引役のイチローは1安打したものの内野ゴロが目立ったし、パワー投手が出てくると、力負けしがちな傾向はオリンピックでも見せた日本の弱みだった。オリンピックで、日本だけでなく、キューバも抑えこんだ韓国投手陣は、エースの金広鉉が打ち込まれても、それでぐらつくことはなく、層の厚さを感じさせた。

この敗北によって、日本は第2ラウンドの初戦で強豪キューバと対戦することが決まった。アメリカラウンドではキューバはもちろん、再び手ごわい韓国とも対戦しなければならない。それを勝ち抜いて、目標の連覇を達成するのは平坦な道ではないと思わせる日本ラウンドの最終戦だった。

（阿部珠樹）

Round 1 Summary A

ROUND 1 Game 1 5 March. Tokyo Dome

	1	2	3	4	5	6	7	8	9	
CHINA	0	0	0	0	0	0	0	0	0	= 0
JAPAN	0	0	3	0	0	1	0	0	×	= 4

投(捕)手 [中国] ●李晨浩、陳俊毅、孫国強、劉凱 — 張振旺
[日本] ○ダルビッシュ、涌井、山口、田中、馬原、藤川 — 城島、阿部

本塁打 [日本] 村田(李晨浩)

ROUND 1 Game 4 7 March. Tokyo Dome

	1	2	3	4	5	6	7	8	9	
JAPAN	3	5	0	1	2	2	1	-	-	=14
KOREA	2	0	0	0	0	0	0	-	-	= 2

(7回コールドゲーム)

投(捕)手 [日本] ○松坂、渡辺俊、杉内、岩田 — 城島
[韓国] ●金広鉉、鄭現旭、張洹三、李在雨 — 朴勍完、姜珉鎬

本塁打 [日本] 村田(金広鉉)、城島 (李在雨)
[韓国] 金泰均(松坂)

ROUND 1 Game 6 9 March. Tokyo Dome

	1	2	3	4	5	6	7	8	9	
KOREA	0	0	0	1	0	0	0	0	0	= 1
JAPAN	0	0	0	0	0	0	0	0	0	= 0

投(捕)手 [韓国] ○奉重根、鄭現旭、柳賢振、(S)林昌勇 — 朴勍完
[日本] ●岩隈、杉内、馬原、ダルビッシュ、山口、藤川 — 城島

第1ラウンドA組

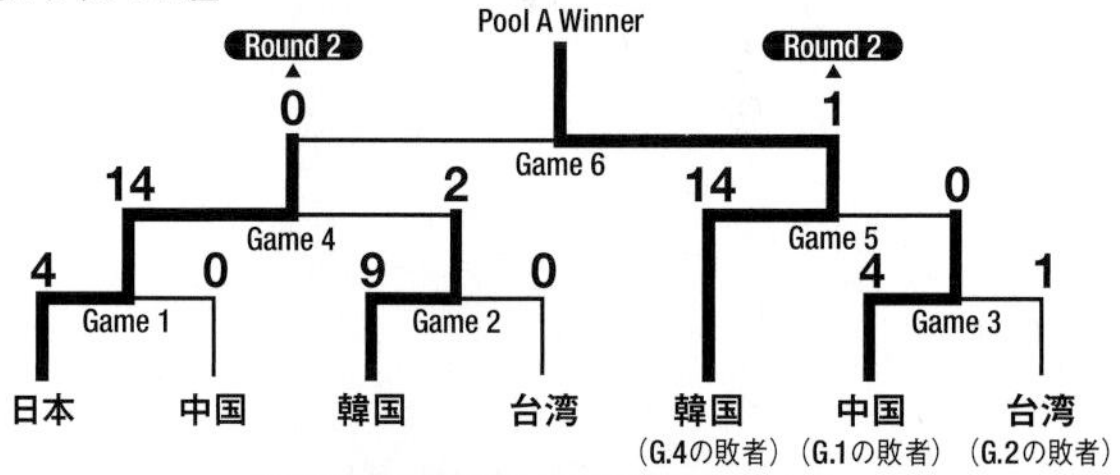

焦点はやはり韓国戦。初戦こそ大勝したものの、A組優勝を賭けた決勝戦で零封され2位通過。第2ラウンドで韓国はメキシコ、日本は前回準優勝キューバとの対戦が決まった。

ROUND 2
Game 1

2009年3月15日　サンディエゴ・ペトコパーク

vs. CUBA

JAPAN **6-0** CUBA

スモールボールに
徹して余裕の勝利。

優れた日本の情報収集力。

韓国に匹敵する、いやそれ以上の力ともうわさされるキューバは、先発に21歳のアロルディス・チャプマンを立てた。国内リーグの試合で164キロの快速球を投げたこともある長身左腕は、メジャーに入ったら松坂大輔以上の契約が結べるだろうといわれる逸材である（10年メジャー入り）。情報が限られているキューバの選手はただでさえ神秘化されるが、怪物めいた雰囲気はマウンドに上がってからも十分に伝わってきた。

しかし、日本チームの事前の情報収集は抜かりなかった。球威は申し分ないが、若く、国際舞台の経験が少ないチャプマンを崩すには、塁に出たら、とにかく足で揺さぶることだ。ベンチの策は一貫していた。

1回、3番の青木宣親が塁に出るとすかさず盗塁を決めた。これが号砲だった。2回にはふたりの走者が、たてつづけにボークぎりぎりの牽制球で刺される場面があったが、それはチャプマンが走者に気を取られている証拠でもあった。走者を気にして、ストレートの球速が落ちる。コントロールが乱れ甘いボールを痛打される。挙句の果てにワイルドピッチで自滅。キューバの秘密兵器は3点を失い、3回途中でマウンドを去った。

日本の先発の松坂は、彼らしい力感はなかったが、要所では力強い投球でキューバに得点を許さなかった。2回から5回まではイニングの最後の打者を三振に打ち取った。いい形で攻撃につなげようという意図の見える終わり方である。

松坂は城島健司の構えるミットと逆の投球が目立ったが、実はこれはバッテリー、特に城島の意識的なものだった。キューバチームは配球分析ではメジャーをしのぐほど緻密だが、そのデータ分析を逆手に取った頭脳的な配球だった。

リリーフ陣は松坂以上に安定していた。岩隈久志、馬原孝浩、藤川球児はそれぞれ1イニングを任されたが、岩隈と藤川はそれぞれ2三振を奪い、危なげなかった。

前回もそうだったが、この大会でも日本の攻撃は、機動力と単打を組み合わせたいわゆるスモールボールを標榜していた。メンバーの顔ぶれを見ても、それは前回以上に徹底していた。ひとりひとりも大振りは避けて、センターから反対方向に強いあたりを打つことを心がけていた。5回の5点目は内川聖一の、9回のダメ押しは村田修一のセンター返しがもたらしたものだった。

晴天のデーゲームで、イチローや城島が飛球を落とすなど、珍しい光景も見られたが、それもよいアクセントに思えるような完勝で、日本はキューバという大きな関門を通過した。グループの力関係を考えれば、キューバともう一度対戦する可能性はきわめて高い。そのとき、この完勝の記憶はプラスに働く。大いに士気の上がる勝利だった。

（阿部珠樹）

ROUND 2 Game 1

15 March. PETCO Park, San Diego

走者が続けてけん制死するなど序盤の日本はミスが目立ったが、3回、青木のタイムリーなどで3点を先制する。先発松坂は抜群の制球力で6回を無失点。リリーフ陣も危なげないピッチング。第1ラウンドを猛打で3連勝したキューバに、全く付け入る隙を与えなかった。

JAPAN		1	2	3	4	5	6	7	8	9
(右) イチロー	(マリナーズ)	遊ゴ		投ゴ	二ゴ		三振		左飛	
(遊) 片岡	(西武)	二ゴ		左安	投ゴ		左飛			
打遊 川﨑	(ソフトバンク)									中安
(左) 青木	(ヤクルト)	四球		右安		一ゴ	二ゴ			投ギ
(三) 村田	(横浜)	三ゴ		左犠		死球		三振		中安
(指一) 小笠原	(巨人)		四球	中安		右安		中飛		三振
(一) 内川	(横浜)		四球	三振		中安		左飛		
打 稲葉	(日ハム)									二ゴ
投 藤川	(阪神)									
(中) 福留	(カブス)		三振		三振	一安			三振	
(捕) 城島	(マリナーズ)			中安	右2	二飛			左飛	
(二) 岩村	(レイズ)			左安	二安	三振			四球	

残塁9　併殺2

	回数	打者	球数	安打	三振	四球	死球	失点	自責
○松坂 右 (レッドソックス)	6	22	86	5	8	0	0	0	0
岩隈 右 (楽天)	1	4	12	1	2	0	0	0	0
馬原 右 (ソフトバンク)	1	3	8	1	0	0	0	0	0
藤川 右 (阪神)	1	4	19	1	2	0	0	0	0

JAPAN	003110001＝6
CUBA	000000000＝0

CUBA	1	2	3	4	5	6	7	8	9
(中) セスペデス	三ゴ		右安		三振			左安	
(三) エンリケス	中安		三振			遊ゴ		遊併	
(左) セペダ	右安		右安			三ゴ			右2
(指) ペラサ	左飛		三振			三振			三振
(二) グリエル	中飛			三ゴ			中安		三振
(右) デスパイネ		右飛		三振			三振		中飛
(一) アンデルソン		二ゴ		三振			遊ゴ		
(捕) ペスタノ		三振			三安				
打捕 メリーニョ							三振		
(遊) パレ			三振		遊併				
打 マルティン								投ゴ	
遊 ナバス									

残塁6　併殺0

	回数	打者	球数	安打	三振	四球	死球	失点	自責
●チャプマン 左	2 1/3	11	50	3	1	3	0	3	3
N・ゴンザレス 左	1/3	3	10	2	0	0	0	0	0
ヒメネス 右	1 2/3	10	41	4	2	0	1	2	2
Y・ゴンザレス 左	1 2/3	6	30	1	2	0	0	0	0
マヤ 右	1 2/3	6	30	0	2	1	0	0	0
ウラシア 右	2/3	4	16	2	0	0	0	1	1
ガルシア 右	2/3	2	9	0	1	0	0	0	0

8

12打席目にして初ヒットを放った岩村。プレーにキレが戻ってきた。

ROUND 2
Game 4

2009年3月17日　サンディエゴ・ペトコパーク

vs. KOREA

JAPAN 1-4 KOREA

立ちはだかったのは、
やはり宿敵だった。

1回裏のダルビッシュ攻略。

第1ラウンドの2試合は、最初がコールドゲーム、つぎが1—0での決着。星を分けた2試合で、どちらが上かを判断するのはむずかしい。どう転んでも不思議のない試合というのが戦前の見方だった。

日本の先発はダルビッシュ有。第1ラウンドの中国戦は文句のつけようのない投球だったが、相手が違うので参考にはならない。もともと気迫を表に出す投手だが、この日は立ち上がりから高ぶる感情があふれ出て、やや制御に苦労しているように見えた。球速は十分だったがボールが先行する。カウントを整えようとストライクを取りにいったところを、韓国打線につかまった。

オリンピック予選、オリンピック、そしてこの大会と、韓国は日本の投手陣と何度も対戦している。ダルビッシュの投球や性格も研究済みだった。気分よく投げさせたら苦労する。攻めるのは立ち上がり。ベンチのねらいははっきりしていた。先頭の李容圭(イヨンギュ)が左前打で出ると、すかさず盗塁を決める。つづく鄭根宇(チョングンウ)もしぶとく内野安打でつなぐ。3番の金賢洙(キムヒョンス)のセカンドゴロがミスを誘い先制。打者3人で1点を奪われたダルビッシュは、動揺してまたボールが多くなる。四球で満塁になり、6番の李晋映(イジンヨン)に左前に運ばれ、ふたりの走者がかえる。1点で抑えていれば展開も変っていただろうが、この3点は大きかった。

追いかける展開になった日本は、韓国の先発、奉重根(ボンジュングン)に完璧に封じられていたわけではない。2回、3回、5回と再三先頭打者を塁に送る。しかし、キューバとの試合では投手に重圧をかけた足、走者を進める単打がこの試合では影を潜めた。つながりを欠いた打線は、5回、内野ゴロの間に1点を取るのが精一杯だった。

全体に覇気のない印象を与えたのはイチローの不調も関係していた。1番に入り、チャンスメークはもちろん、ポイントゲッターとしての役割も期待されていたイチローだが、第2ラウンドに入るとカリフォルニアの乾いた空気とは対照的に、バットは湿り気を帯び、キューバ戦につづいてこの日も無安打に終わった。

イチローだけでなく、ほかの野手陣も韓国を意識するあまり、気迫が空回りしているところがあった。審判のコールへの不満とみなされ、退場になった城島健司のプレーなどは、気迫を向ける方向を誤ったものといわれてもしかたがない。

ダルビッシュは2回以降は立ち直り、山口鉄也、涌井秀章などの若いリリーフ陣も無難な投球で失点を1に止めた。この若い投手たちの奮闘は勝ちあがったときの心強い支えになるものだったが、敗戦の事実には変わりはなく、つぎのキューバ戦は、命運をかける大一番になってしまった。

（阿部珠樹）

ROUND 2 Game 4
17 March. PETCO Park, San Diego

先発ダルビッシュの不安定な立ち上がりを狙われ、初回に3失点。これが致命傷となった。打線もつながりを欠き、日本は韓国を上回る7安打を放ち、毎回ランナーを出しながら、最後まで流れを引き寄せられなかった。イチローは2試合連続無安打に終わり、深刻な不振。

JAPAN			1	2	3	4	5	6	7	8	9
(右)	イチロー	(マリナーズ)	ニゴ		三ゴ		ニゴ		捕邪		
(遊)	片岡	(西武)	一ゴ		三併		遊ゴ				
打遊	川﨑	(ソフトバンク)								遊邪	
(左)	青木	(ヤクルト)	四球			左飛		一ゴ		二飛	
(三)	村田	(横浜)	遊ゴ			死球		右安		右安	
(一)	小笠原	(巨人)		四球		投安		三振		三振	
(指)	内川	(横浜)		右飛		遊併					
打指	稲葉	(日ハム)						ニゴ			中安
(中)	福留	(カブス)		三振			右安		左飛		一ゴ
(捕)	城島	(マリナーズ)		右飛			左安		三振		
捕	石原	(広島)									
打	阿部	(巨人)									左飛
(二)	岩村	(レイズ)			四球		遊ゴ		中安		三振

残塁8　併殺1

			回数	打者	球数	安打	三振	四球	死球	失点	自責
●ダルビッシュ	右	(日ハム)	5	20	85	4	7	1	0	3	2
山口	左	(巨人)	2/3	2	5	0	0	0	0	0	0
渡辺	右	(ロッテ)	1	5	23	0	1	2	0	0	0
涌井	右	(西武)	1	5	22	0	0	2	0	1	1
岩田	左	(阪神)	0/3	2	12	0	0	2	0	0	0
田中	右	(楽天)	1/3	1	4	0	1	0	0	0	0

JAPAN　0 0 0 0 1 0 0 0 0 = 1
KOREA　3 0 0 0 0 0 0 1 x = 4

KOREA			1	2	3	4	5	6	7	8	9
(中左)	李 容圭	(起亜)	左安	三振			右飛		遊直		
(二)	鄭 根宇	(SK)	二安		一ゴ						
二	高 永民	(斗山)					三振			四球	
(左)	金 賢洙	(斗山)	ニゴ		一ゴ			ニゴ			
中	李 鍾旭	(斗山)								投ギ	
(一)	金 泰均	(ハンファ)	四球		左安			右飛		敬遠	
(指)	秋 信守	(インディアンス)	三振		一ゴ						
打指	李 大浩	(韓国ロッテ)						四球			
走指	李 宅根	(ヒーローズ)								投ゴ	
(右)	李 晋映	(LG)	左安			三振		四球		四球	
(三)	李 杋浩	(ハンファ)	遊併			三飛		二直		四球	
(捕)	朴 勍完	(SK)		三振		投ゴ			三振	三振	
(遊)	朴 基赫	(韓国ロッテ)		三振			三振		左飛		

残塁7　併殺2

			回数	打者	球数	安打	三振	四球	死球	失点	自責
○奉 重根	左	(LG)	5 1/3	21	79	3	1	3	1	1	1
尹 錫珉	右	(起亜)	2 1/3	10	38	3	2	0	0	0	0
金 広鉉	左	(SK)	2/3	3	10	1	1	0	0	0	0
S林 昌勇	右	(ヤクルト)	2/3	2	8	0	1	0	0	0	0

第１ラウンドに続いて連敗。マウンドにはまたしても太極旗が。

ROUND 2
Game 5

2009年3月18日　サンディエゴ・ペトコパーク

vs.CUBA

JAPAN **5-0** CUBA

敵の戦意を喪失させた
執拗な攻撃。

投手陣の力投に打線が応える。

勝てば準決勝進出が決まる。負ければ大会は終わる。その大一番の先発マウンドは岩隈久志に託された。ダルビッシュ有、松坂大輔、岩隈の3人で先発のローテーションを組んだ日本だが、中で最も安定していたのは岩隈だった。東京での韓国戦は1失点以外はほぼ完璧だったし、第2ラウンド初戦（キューバ戦）のリリーフも安心してみていられた。低めに投げ込むスライダー、フォークボールのコントロールは精緻を極め、バットの芯で捕らえる打者はほとんどいなかった。四球で崩れる不安もない。

岩隈はひじや肩に不安を抱えており、レギュラーシーズンでは、エースとして長く投げなければならない使命と、体の不安の間で苦労することが多かった。しかし、投球数制限のあるＷＢＣは最初からゴールが見えており、その分思い切って投げられる。大会のシステムは岩隈向きといえた。

この日もそうしたアドバンテージをフルに生かし、キューバ打線を翻弄した。安打は毎回のように打たれた。6回投げて、無安打の回は3回だけである。しかし2安打された回はなく、走者をふたり背負ったのも一度だけだった。18のアウトのうち、15個までがゴロのアウトで、低めの変化球がいかに冴え渡っていたかをよく物語っていた。

日本の先制点は意外な形で入った。4回、走者をふたり置いて打席に入った小笠原道大が中堅に大きな飛球を放つ。この日、サンディエゴのペトコパークには試合開始のころから霧が立ち込めていた。霧は試合が進むにつれて深くなり、4回ごろにはバックネット裏のスタンドからバックスクリーンのあたりが見えにくくなっていた。小笠原の打球は、その霧の中を進んでいった。キューバの中堅手は明らかに霧によって打球を見失い、慌てふためいていた。かろうじてグラブを差し出すがボールはグラブからこぼれた。ふたりの走者が生還する。大試合には、時にこうした自然のいたずらが起こる。そういえば、サンディエゴでの最初の日本対キューバ戦でも、キューバは外野手が太陽に打球を入れて「太陽安打」を喫していた。アメリカの自然はキューバに厳しかったのだ。

しかし、この幸運がなくても、日本の打線はキューバを攻略していただろう。5回にはふたりが四球で出て、タイムリーで追加点をあげた。ファウルをつづけてくらいつき、四球を奪った中島裕之の粘りが光った。得点のなかった回も、打者はみなよく粘り、相手投手に多くの投球をさせ、消耗を呼び、根気を失わせた。守りの時間が長くなったキューバは、最後には気力が失せたように試合を終えた。調子の上がらなかったイチローにも最終回、三塁打が飛び出し、だめ押しのホームを踏んだ。最高の形で、日本は準決勝進出を決めた。

（阿部珠樹）

ROUND 2 Game 5

18 March. PETCO Park, San Diego

先発岩隈が文句なしの快投。低めの変化球でキューバ打線に内野ゴロの山を築かせ、6回を無失点に抑えた。攻めては4回、小笠原の大きなフライをセンターが落球して幸運な先取点をあげると、その後も小刻みに得点を重ねて完勝。日本は2大会連続で準決勝進出を決めた。

JAPAN		1	2	3	4	5	6	7	8	9
(右) イチロー	(マリナーズ)	ニゴ		遊ゴ		三飛		右安		中3
(遊) 中島	(西武)	三ゴ			遊ゴ	四球		左犠		死球
(左) 青木	(ヤクルト)	中安			中安	中安		三振		右安
(指) 稲葉	(日ハム)		ニゴ		右2	三振		三ゴ		中飛
(三) 村田	(横浜)		遊ゴ		中飛	左飛			三振	遊ゴ
(一) 小笠原	(巨人)		右飛		中失		一ゴ		四球	
走三 片岡	(西武)									
(中) 福留	(カブス)			左飛	四球		左飛		四球	
(捕) 城島	(マリナーズ)			ニゴ	二飛		三ゴ		一飛	
(二) 岩村	(レイズ)			遊安		四球		四球		投ゴ

残塁9　併殺0

		回数	打者	球数	安打	三振	四球	死球	失点	自責
○岩隈 右	(楽天)	6	24	69	5	2	1	0	0	0
S杉内 左	(ソフトバンク)	3	9	32	0	4	0	0	0	0

JAPAN	0 0 0 2 1 0 1 0 1 = 5
CUBA	0 0 0 0 0 0 0 0 0 = 0

CUBA	1	2	3	4	5	6	7	8	9
(二) オリベラ	遊ゴ		遊ゴ		右安			三振	
(指) エンリケス	遊ゴ		投ゴ		遊ゴ			三直	
(三) グリエル	中安			三ゴ		ニゴ		遊飛	
(左) セペダ	投ゴ			遊ゴ		一ゴ			右飛
(中) セスペデス		投ゴ		四球		右3			三振
(右) デスパイネ		三ゴ		中安		投ゴ			右飛
(一) アンデルソン		右2		三振					
打捕 メリーニョ							三振		
(捕) ペスタノ		遊ゴ			投直				
打一 ペドロソ							三振		
(遊) パレ			三振		一ゴ				
打遊 ナバス							左飛		

残塁6　併殺0

	回数	打者	球数	安打	三振	四球	死球	失点	自責
●マヤ 右	$3^2/_3$	15	63	4	0	0	0	2	0
Y・ゴンザレス 左	$^2/_3$	5	23	0	0	3	0	1	1
ヒメネス 右	2	9	45	2	1	1	0	1	1
N・ゴンザレス 左	1	5	20	0	2	2	0	0	0
ガルシア 右	1	4	14	1	0	0	1	1	1
ベタンコート 右	$^2/_3$	3	7	1	0	0	0	0	0

51 Y CESPEDES .476 2 5
PIZZA
foreverhotwater.com
COX

霧のかかったペトコパーク。ゴロを打たせ続けた岩隈の投球が光る。

ROUND 2
Game 6

2009年3月19日　サンディエゴ・ペトコパーク

vs. KOREA

JAPAN 6-2 KOREA

宿敵に競り勝ち、
プライドと勢いを得る。

最も戦い方のむずかしい試合。

すでに準決勝進出を決めた同士の戦い。考えようによっては最も戦い方のむずかしい試合といえた。すでに両チームはこの大会に入って3試合戦っている。多少メンバーは違うが、前年のオリンピックでも顔を合わせていた。一番警戒すべき相手ととらえ、事前の研究も互いに怠りなかった。いまさら手の内を探るといった段階ではない。過密スケジュールの中で、故障者が出るのも怖い。

かといって、消化試合として手を抜いたような試合をしたのでは、チームの士気が緩み、準決勝以降の試合に影響が出かねない。監督をはじめ、ベンチワークが問われる試合だった。

日本の原辰徳監督はこれまで一度も登板していない内海哲也を先発させた。捕手も初先発の阿部慎之助。ともに自分が率いるジャイアンツの選手である。大舞台で経験を積ませたい気持ちと「主要メンバー」への負担を軽くしてもらおうという気持ちが半ばした起用だった。

一方の韓国も、一度も先発していない張洹三（チャンウォンサム）を先発させた。ここまで老獪なリードで日本を苦しめてきたベテラン捕手の朴勍完（パクキョンワン）を先発からはずしたのも、準決勝以降の「決戦」を見据えてのことだった。

立ち上がり、韓国が内海を攻めて金賢洙（キムヒョンス）の二塁打で先制すると、日本も2回に内川聖一のソロ本塁打と片岡易之の右前打で2点を取って逆転する。中盤までは、ほぼ互角の展開だった。

7回に同点に追いつかれた日本は、8回表、3連打に犠打、タイムリーなどで決定的な3点をあげる。あざやかな集中打だったが、中でも光ったのはこの日途中出場していた亀井義行の正確な送りバントだった。亀井に限らず、リリーフで初登板し5三振を奪った小松聖、自分のチームにいるときとは違うリリーフという役割を与えられながら平然とその役割を果たした涌井秀章、田中将大など、日本チームのバックアップメンバーは高いモチベーションを保ちながら、この微妙な試合でもみごとな活躍を見せた。この強い一体感は、2月に宮崎の強化合宿に集合したときから見られた日本チームの特徴だった。前回のチャンピオンというプライドと、強化合宿の初日から大観衆が集まるというファンの期待の大きさが強い一体感を生み出していたといえる。

試合は日本が勝った。だが、この敗戦は、韓国にとって痛くも痒くもないものだった。主力投手は温存できたし、ベテランには休養を与えることもできた。日本チームの控えの戦力を見極めることもでき、収穫は日本以上とさえ見ることができた。

（阿部珠樹）

ROUND 2 Game 6

19 March. PETCO Park, San Diego

またしても初回に先制点を奪われた日本だったが、直後に内川のソロ、片岡のタイムリーで逆転。7回に追いつかれたものの、8回に決定的な3点を奪い韓国に雪辱。1組1位通過を決めた。4回に村田が右足太もも裏を痛めて負傷退場。以降の出場は難しい状況になった。

JAPAN		1	2	3	4	5	6	7	8	9
(右) イチロー	(マリナーズ)	中飛	一ゴ		右飛			中飛		中2
(遊) 中島	(西武)	三振		右飛		三振		遊併		一ギ
(中) 青木	(ヤクルト)	左飛		右飛		中飛			一安	中安
(指) 城島	(マリナーズ)		左飛	中安		右飛				
打指 稲葉	(日ハム)								右安	右2
(左一) 内川	(横浜)		左本	二ゴ			三ゴ			
打一 小笠原	(巨人)								右安	一直
(一) 村田	(横浜)		中安		中安					
走左 亀井	(巨人)						右安		投ギ	
(二) 岩村	(レイズ)		遊安		三振		中飛		中安	
(捕) 阿部	(巨人)		三振		一ゴ			中安	三振	
(三) 片岡	(西武)		右安		四球			四球	右飛	

残塁8　併殺2

	回数	打者	球数	安打	三振	四球	死球	失点	自責
内海 左 (巨人)	$2\frac{2}{3}$	12	41	3	2	1	1	1	1
小松 右 (オリックス)	$2\frac{2}{3}$	9	39	0	5	1	0	0	0
田中 右 (楽天)	$\frac{2}{3}$	4	17	1	2	0	0	1	1
山口 左 (巨人)	$\frac{2}{3}$	1	2	0	0	0	0	0	0
○涌井 右 (西武)	$\frac{1}{3}$	1	4	0	1	0	0	0	0
馬原 右 (ソフトバンク)	1	4	18	1	1	0	0	0	0
藤川 右 (阪神)	1	4	18	1	0	0	0	0	0

JAPAN	0 2 0 0 0 0 0 3 1 = 6
KOREA	1 0 0 0 0 0 1 0 0 = 2

KOREA		1	2	3	4	5	6	7	8	9
(二) 鄭 根宇	(SK)	中安		三振		右飛			右安	
(右) 李 容圭	(起亜)	三ギ		死球						
走右 李 鍾旭	(斗山)					三振			三振	
(左) 金 賢洙	(斗山)	左2		一ゴ			右飛		投ゴ	
(一) 金 泰均	(ハンファ)	四球		三振			三振		二ゴ	
(指) 李 大浩	(韓国ロッテ)	三併			四球		三振			中飛
(三) 李 机浩	(ハンファ)		遊ゴ		三振			中本		左安
(中) 李 宅根	(ヒーローズ)		中安		三ゴ			三失		左飛
(捕) 姜 珉鎬	(韓国ロッテ)		三振		三振					
打 秋 信守	(インディアンス)							遊併		
捕 朴 勍完	(SK)									
打 李 晋映	(LG)									三ゴ
(遊) 崔 廷	(SK)		遊ゴ			三振				
遊 朴 基赫	(韓国ロッテ)							三振		

残塁6　併殺2

	回数	打者	球数	安打	三振	四球	死球	失点	自責
張 洹三 左 (ヒーローズ)	3	14	45	5	2	0	0	2	1
李 承浩 左 (SK)	$1\frac{2}{3}$	7	31	1	2	1	0	0	0
李 在雨 右 (斗山)	$2\frac{1}{3}$	8	30	2	0	1	0	0	0
●呉 昇桓 右 (サムスン)	$\frac{0}{3}$	2	7	2	0	0	0	2	2
金 広鉉 左 (SK)	$\frac{2}{3}$	4	15	2	1	0	0	1	0
林 泰勲 右 (斗山)	$1\frac{1}{3}$	6	21	3	0	0	0	1	1

前半は調子の上がらなかったイチローに、復調の兆しが。

ROUND 2

第2ラウンド1組

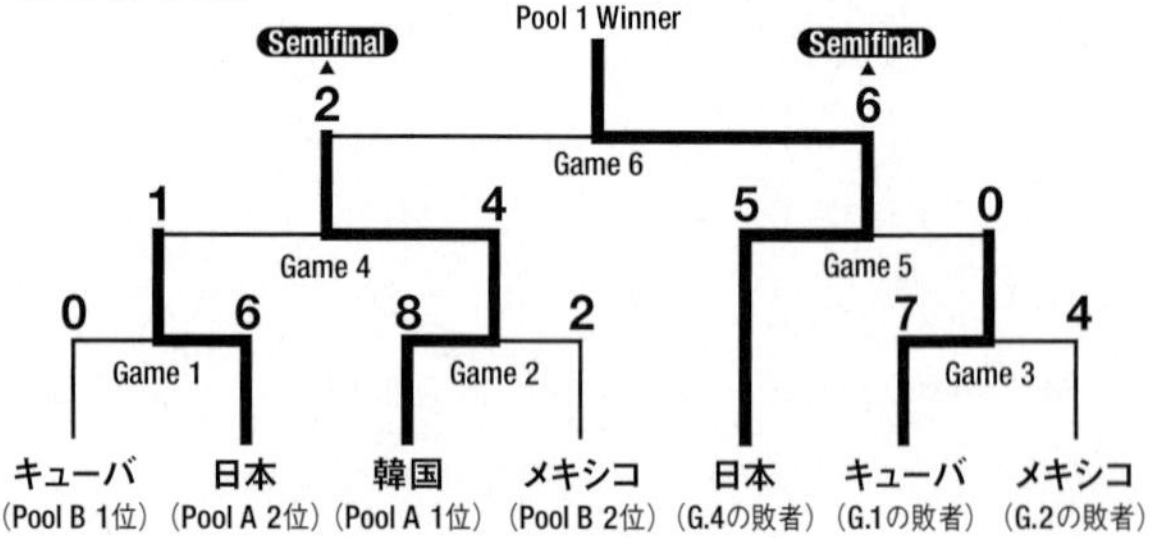

日本、韓国、キューバの三つ巴と見られていた1組だが、日本に連敗を喫したキューバがあっさり脱落。日本は連敗中だった韓国に決勝戦で雪辱し、価値ある1位通過を果たした。

第2ラウンド2組

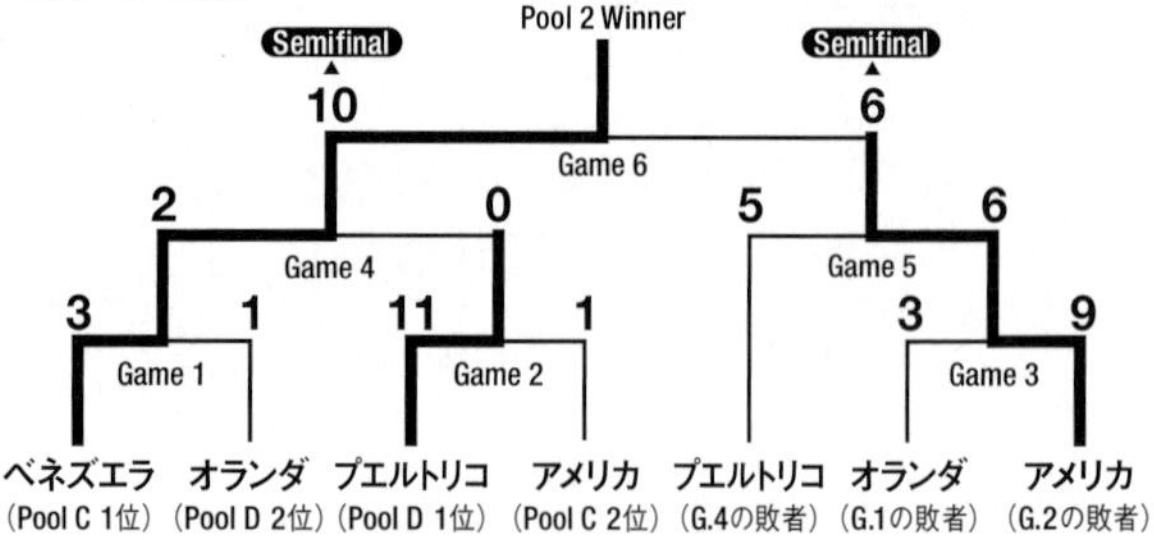

開催国アメリカが思いがけない不振。初戦のプエルトリコ戦で大敗し、なんとか勝ち上がった決勝でもベネズエラに序盤で大量点を許して主導権を握られ、2位通過に甘んじた。

［第2ラウンド総括］

ダルビッシュの「イエス」

言うは易く、行うは難し。信頼していると口で言うのは簡単でも、その信頼を形にして示すのは難しい。目の前で大丈夫かと心配になるようなピッチングを見せられれば、決めたはずのことが本当に正しかったのかと不安になるものだが、日本代表のピッチングコーチ、山田久志は、心の中で決めたことを最後まで貫き通した。

世界のエース、日本のエース、去年の最多勝——山田がそう名づけた、松坂大輔、ダルビッシュ有、岩隈久志。山田は頑として、この三人の序列を変えようとはしなかった。大阪で松坂が乱れても、東京でダルビッシュがピリッとしなくても、岩隈が常に安定した内容を示していても、山田は、一番手に松坂、二番手にダルビッシュ、三番手に岩隈という日本代表の中での格付けを守った。

サンディエゴで行われた第2ラウンドには、決勝トーナメントに勝ち残るということの他に、準決勝をいかに戦うかというところからの逆算、という隠しテーマがあった。

つまり、山田がずっと温めていた〝準決勝での松坂、ダルビッシュの起用〟を実現することまでをも考えながら、サンディエゴでのゲームを戦っていたのである。

そのために絶対に欠かせないのが、サンディエゴを1位で通過するということだった。しかも、1位、2位を決める試合を、3本柱を誰も起用せずに勝たなければならなかった。WBCのルールでは、50球以上投げたピッチャーは中4日の間隔をあけなければならないからだ。準決勝で松坂とダルビッシュの二人を使うためには、第2ラウンドを1位で通過し、準決勝を2位が組み込まれる21日ではなく、1位の22日に戦わなければならなかった。そうでなければ、第2ラウンドの2試合目に先発したダルビッシュの登板間隔が中4日にならない。

勝っても負けても大差ないと言われていた19日の韓国戦で、山田は1位を勝ち取るために、死に物狂いの継投を披露した。内海哲也、小松聖、田中将大、山口鉄也、涌井秀章、馬原孝浩、藤川球児の7人を繰り出し、韓国を振り切った。調子の上がらない藤川を抑えから外すことなく、サンディエゴを勝ち抜けたことも、山田にとっては意味のあることだった。試合後、藤川が山田にポツリと言った。

「僕の球、一番、遅かったみたいです……」

山田は機は熟したと判断した。その翌日に行われたドジャースタジアムでの練習中、山田はダルビッシュを呼んでこう言った。

「どうだ、ダル、抑えをやってみないか」

「……すいません、抑えは無理です」

「ダル、これからの野球人生、ここで抑えをやったら大きな財産になるよ。準決勝で勝たなければ決勝はないいんだぞ。オレは大事な準決勝を大輔とダルで戦いたいんだ」

納得したのか、返事を保留したのか、そこが曖昧なまま、ダルビッシュはその場を立ち去った。そしてしばらくの間、外野のフェンス沿いをずっと一人で歩いていた。山田は彼のそんな姿を眺めながら、一瞬、不安に駆られた。山田の中での三人の格付けは変わっていない。準決勝を一番、二番の二人で戦いたいというのも、ずっと以前から考えていたことだ。しかし、サンディエゴではダルビッシュは韓国に敗れ、岩隈はキューバを完璧に封じた。だから、岩隈の決勝先発が格付けの入れ替えだと誤解されたのではないか……そう思い始めた矢先、ダルビッシュが山田のもとに歩み寄って、こう切り出した。

「山田さんのシンカーって、どうやって投げてたんですか。（渡辺）俊介さんのシンカーと、どっちが凄かったんですか」

「なにーっ、俊介のシンカーと比べるな。俊介のはまだシン……までしか来てないぞ」

ダルビッシュは山田のその言葉を聞いて、爆笑した。これがダルビッシュなりの、山田に対するイエスの回答だったのだ。


（石田雄太）

Semifinal

2009年3月22日　ロサンゼルス・ドジャースタジアム

vs.U.S.A.

U.S.A. 4-9 JAPAN

予期されていたメジャー軍団の敗北。

よく準備した者が勝つ。

前大会、アメリカ代表は優勝の大本命といわれながら準決勝で姿を消した。開催国としては屈辱である。大会に臨む意欲は前回よりは今回のほうが上だった。しかし、意欲はあれど体は動かずというのが大会に入っての戦いぶりだった。相次ぐ故障者。メンバーを補充しようにも、スプリングトレーニングたけなわの各チームがおいそれと選手を出すはずはない。それでも準決勝まで駒を進めたのは、野球の母国としての意地だったろう。特に準決勝進出を決めたプエルトリコ戦は、絶望的な試合を逆転サヨナラでものにした劇的な内容だった。日本が警戒すべきは、メジャーリーガーの名前の大きさではなく、逆境になるほど力を発揮するアメリカ代表のメンタリティだった。

先発した松坂大輔は、この大会に入ってずっとそうだったように、この試合でもすっきりしない曇天のような投球をつづけた。大量点を奪われるわけではないが、かといって三振の山を築いて付け入る隙を与えないという投球でもない。1回の先頭打者、ブライアン・ロバーツに本塁打を浴びたあと、3回にはデービッド・ライトに勝ち越しのタイムリー二塁打を打たれる。

しかし、リードされても、日本が追い詰められた感じはあまりしなかった。攻撃が活発だったというより、アメリカの選手たちの体のキレの悪さ、動きの微妙な重さが目立ったからだ。なんでもない打球処理にもたつき、楽に取れるゴロを取り逃がす。

案の定、4回裏、日本が反撃を開始する。稲葉篤紀、小笠原道大の連打でチャンスを作り、福留孝介の打球が二塁のエラーを誘い同点。さらに城島健司の犠飛と岩村明憲の三塁打で点差を広げ、この回だけで5点をあげてアメリカ投手陣を粉砕した。

原辰徳監督はこの大会、7、8、9番の下位打線に福留、城島、岩村というメジャーリーガーを起用することが多かった。本人たちはこうした起用に不満もあったろうが、アメリカでの戦い方をよく知る3人が下位を固めることで、日本の攻撃は確実に厚みを増していた。その3人が、よく見知った顔の選手ばかりのアメリカ戦で活躍したのは、巧みに日本人メジャーリーガーのプライドを刺激する原監督の采配がうまくいった証拠だった。

8回に決定的な3点を取って突き放した日本は、最終回、ダルビッシュ有をマウンドに送った。大会に入りリリーフ陣は健闘していたが、藤川球児、馬原孝浩が務める抑え役だけはやや不安があった。ダルビッシュの起用は明らかに決勝を見据えたものだった。

リードした最終回のマウンドには若きエースが立つ。原監督、山田久志投手コーチは、この時点でその構想をすでに固めていたと見てよい。目前の試合を抜かりなく勝利しながら、その一方で、先の試合の準備もしておく。大会の戦い方への適応が見て取れた。

（阿部珠樹）

Semifinal

22 March. Dodger Stadium, Los Angeles

先発の松坂が初回に先頭打者ホームランを喫するが、久しぶりに日本の打線が爆発する。4回に一挙5点を奪って勢いに乗ると、8回にも3点を追加して試合を決めた。アメリカは先発オズワルトが誤算。味方のエラーや凡ミスでリズムを崩し、4回途中6失点で降板した。

U.S.A.			1	2	3	4	5	6	7	8	9
(二)	ロバーツ	(オリオールズ)	中本		三振		遊ゴ		三振	投ゴ	
(遊)	ジーター	(ヤンキース)	遊ゴ		遊ゴ		中安		遊ゴ		遊ゴ
(指)	ロリンズ	(フィリーズ)	中安		右安		四球		右3		右安
(三)	ライト	(メッツ)	遊ゴ		中2		三振		三振		三振
(右)	ダン	(ナショナルズ)	三振		四球		三振			遊飛	三振
(左)	ブラウン	(ブリュワーズ)		一ゴ	三振			遊飛		左2	
(捕)	マッキャン	(ブレーブス)		四球		一ゴ		四球		四球	
(一)	デローサ	(インディアンス)		左飛		遊ゴ		左飛		左2	
(中)	グランダーソン	(タイガース)		左飛		二ゴ		左飛			
打	ロンゴリア	(レイズ)								三振	
中	ビクトリノ	(フィリーズ)									

残塁10　併殺0

			回数	打者	球数	安打	三振	四球	死球	失点	自責
●オズワルト	右	(アストロズ)	$3\frac{2}{3}$	20	66	6	1	1	0	6	4
グラボウ	左	(パイレーツ)	$1\frac{1}{3}$	4	14	0	2	0	0	0	0
ハウエル	左	(レイズ)	1	5	12	2	1	0	0	0	0
ソーントン	左	(Wソックス)	1	3	12	0	3	0	0	0	0
ハンラハン	右	(ナショナルズ)	$\frac{2}{3}$	4	14	0	0	1	0	2	0
シールズ	右	(エンゼルス)	$\frac{1}{3}$	3	10	2	0	0	0	1	1

U.S.A.	1 0 1 0 0 0 0 2 0 ＝ 4
JAPAN	0 1 0 5 0 0 0 3 x ＝ 9

JAPAN			1	2	3	4	5	6	7	8	9
(右)	イチロー	(マリナーズ)	二ゴ		三失	三ゴ		一ゴ		右安	
(遊)	中島	(西武)	三振		中飛	中2		三振		中2	
(左中)	青木	(ヤクルト)	一ゴ		遊飛	二ゴ			三振	二ゴ	
(指)	稲葉	(日ハム)		四球		右安	三ゴ				
打指	栗原	(広島)							三振		
(一)	小笠原	(巨人)		左安		中安	三振		三振		
(中)	福留	(カブス)		左飛		二失	三振			四球	
走	片岡	(西武)									
左	亀井	(巨人)									
(捕)	城島	(マリナーズ)		右犠		右犠		左安		三ギ	
(二)	岩村	(レイズ)		投ゴ		右3		中飛		二ゴ	
(三)	川﨑	(ソフトバンク)			三ゴ	右安		左安		遊失	

残塁6　併殺0

			回数	打者	球数	安打	三振	四球	死球	失点	自責
○松坂	右	(レッドソックス)	$4\frac{2}{3}$	22	98	5	4	3	0	2	2
杉内	左	(ソフトバンク)	$1\frac{1}{3}$	5	20	0	1	1	0	0	0
田中	右	(楽天)	1	4	16	1	2	0	0	0	0
馬原	右	(ソフトバンク)	1	6	30	2	1	1	0	2	2
ダルビッシュ	右	(日ハム)	1	4	21	1	2	0	0	0	0

［クローズアップ・キーマン］

川﨑宗則「チームを鼓舞する全力プレー」

開幕から8試合目。やっと巡ってきた先発にも川﨑の心に気負いはなかった。

「第1ラウンドからベンチの中ですべての試合に出ていました。グラウンドに立ったら、そのときにやるべきことをきちっとやる。それだけを思ってずっとやってきましたから」

その心は第1打席ではっきりと見えた。

「塁に出ること。それだけを考えていた」

1点を追う3回。先頭で打席に立つと、いきなり初球を三塁前に転がした。好守に阻まれアウトにはなったが、「塁に出るために何をできるのか」川﨑らしい答えを見せたトライだった。

「絶対に気持ちが切れない。控えでも手を抜かずに心も体も準備してきた。だからこの活躍は全く不思議ではない」

こう語るのは原監督だ。遊撃のレギュラーは中島でいくことが早くから決まっていた。ただ、実は次に決まったのは控えが分かっていたからこそ、川崎のメンバー入りだった。ベンチにいる28人には、必ずこういう男が必要だからだ。

逆転してあともう一押しの欲しい4回には右前適時打。2点差とされた8回には遊ゴロで必死に走ってジーターの悪送球を誘った。

「打席では何も考えていません。ただチームの勢いを止めない。それだけを心がけている」

だから絶対に手を抜かない。100%で一塁を走り抜けた結果が、ダメ押しの3点、日本の決勝進出を決めることにつながった。

（鷲田康）

抑えに回ったダルビッシュ。気迫の投球で試合を締めくくる。

Final

2009年3月23日　ロサンゼルス・ドジャースタジアム

vs.KOREA

JAPAN 5-3 KOREA

これが野球、これこそ野球。
日本、再び頂点へ。

球史に残る名勝負。

大会に入って5度目の対戦。ここまでの対戦成績は2勝2敗。勝てば優勝トロフィーを手に入れた上に、最大のライバルを風下に置くことができる。ドジャースタジアムのスタンドはほぼ満員で、観客の熱気はこれまでのどの試合とも比べものにならなかった。日本は岩隈久志、韓国は奉重根（ボンジュングン）が先発した。東京での投げあいは岩隈が1点を失い、奉は1点も許さなかった。岩隈にとっては雪辱戦でもある。

それだけに、投球はいつも以上に力強かった。1回から4回まで許した走者はわずかにひとりで、毎回の4三振を奪う。打たせて取るのが身上の岩隈にしては珍しい力の投球だった。一方の奉は毎回のように走者を背負う苦しい投球になった。日本の打線は対戦を重ねる中で、奉の武器である速球とチェンジアップを的確に見極められるようになってきていた。3回、内野安打に敵失をからめてチャンスを広げ、小笠原道大のタイムリーで先制する。日本らしい攻めの形は決勝でも維持されていた。

日本らしさに、韓国は韓国らしさで対抗する。5回、秋信守（チュシンス）が岩隈の低めの変化球を豪快にスタンドに叩き込む。失投ではない。しかし、力強さが上回っていた。

そのあと大きなプレーが出た。高永民（コヨンミン）の左翼ライン寄りの打球を内川聖一がスライディングしながらワンバウンドで捕り、二塁に送球して刺した。本塁打のあと、長打でチャンスが広がれば、試合の重心は大きく韓国に傾く。それを防いだ堅守だった。

内川のプレーから、試合は一挙に白熱する。日本は7回、8回に単打、バント、犠飛などで1点ずつをあげ、突き放しにかかるが、韓国も8回に1点を返し、9回には締めくくりのマウンドを託されたダルビッシュ有から李杋浩（イボムホ）がしぶとく左前にタイムリーを放って同点にした。延長戦である。

日本は抑えにダルビッシュを出すことは準決勝からの決まりごとだった。ダルビッシュが出れば、あとはない。それが打たれて同点に持ち込まれた。延長になれば、後攻の韓国が有利である。早く決着をつけたい。

10回表、内川が安打で出ると、送りバント、岩村のシングル、盗塁で2死二、三塁とチャンスを広げた。ここでイチローに打席が回ってくる。不調といわれつづけ、体調を崩すほど苦しんでいたイチローに、試合を決める打席が回ってきたのだ。韓国のマウンドには大会に入って1点も許していない抑えの林昌勇（イムチャンヨン）が立っていた。

一塁は空いている。韓国バッテリーには敬遠の選択肢もあった。しかし勝負。きわどく4本のファウルで粘ったイチローが、最後は中前に打球を運び、ふたりが還る。その裏をダルビッシュが締めて、死闘は終わり、大会も終わった。

（阿部珠樹）

Final

23 March. Dodger Stadium, Los Angeles

先発岩隈が8回途中まで2失点で切り抜けたが、1点差の最終回にダルビッシュが捕まり、試合は延長戦にもつれ込んだ。10回、日本は内川のヒットを足がかりにチャンスを作り、2死二、三塁からこの日3安打のイチローがタイムリー。死力を尽くした激闘に決着をつけた。

JAPAN	1	2	3	4	5	6	7	8	9	10
(右) イチロー (マリナーズ)	中安	一ゴ		二ゴ			三安		右2	中安
(遊) 中　島 (西 武)	投ギ		遊安		四球		左安		二直	死球
(中) 青　木 (ヤクルト)	投ゴ		二失		右安		右飛		敬遠	敬遠
(捕) 城　島 (マリナーズ)	四球		三ゴ		三振		三併		中飛	三振
(一) 小笠原 (巨 人)	二ゴ		右安		三振			三振	三振	
(左) 内　川 (横 浜)		投ゴ	右安			遊ゴ		右安		右安
(指) 栗　原 (広 島)		三振	三併							
打指 稲　葉 (日ハム)						二ゴ		右2		投ギ
(二) 岩　村 (レイズ)		四球		遊ゴ		三振		左犠		左安
(三) 片　岡 (西 武)		右安		左飛			左安	遊ゴ		
打三 川　﨑 (ソフトバンク)										遊飛

残塁14　併殺1

	回数	打者	球数	安打	三振	四球	死球	失点	自責
岩　隈 [右] (楽 天)	$7\frac{2}{3}$	27	97	4	6	2	0	2	2
杉　内 [左] (ソフトバンク)	$\frac{1}{3}$	1	5	0	0	0	0	0	0
○ダルビッシュ [右] (日ハム)	2	10	41	1	5	3	0	1	1

JAPAN	0	0	1	0	0	0	1	1	0	2	= 5
KOREA	0	0	0	0	1	0	0	1	1	0	= 3

KOREA	1	2	3	4	5	6	7	8	9	10
(中左) 李 容圭 (起 亜)	三振			三ゴ		四球		左飛		中飛
(指) 李 晋映 (L G)	二ゴ			三振		三振				
打指 鄭 根宇 (S K)									三振	三振
(左) 金 賢洙 (斗 山)	一ゴ			中安			左飛		四球	
走中 李 鍾旭 (斗 山)										
(一) 金 泰均 (ハンファ)		右邪		左飛			右飛		四球	
走一 李 宅根 (ヒーローズ)										
(右) 秋 信守 (インディアンス)		三振			中本		左飛		三振	
(三) 李 机浩 (ハンファ)		二ゴ			三振			右2	左安	
(二) 高 永民 (斗 山)			一飛		左安			遊ゴ	三振	
(捕) 朴 勍完 (S K)			三振		捕邪					
打 李 大浩 (韓国ロッテ)								中犠		
捕 姜 珉鎬 (韓国ロッテ)										四球
(遊) 朴 基赫 (韓国ロッテ)			二ゴ			投ゴ		四球		
打 崔　廷 (S K)										三振

残塁5　併殺3

	回数	打者	球数	安打	三振	四球	死球	失点	自責
奉　重根 [左] (L G)	$4\frac{0}{3}$	21	94	6	1	3	0	1	0
鄭　現旭 [右] (サムスン)	$3\frac{1}{3}$	12	41	4	4	0	0	2	2
柳　賢振 [左] (ハンファ)	$\frac{2}{3}$	3	10	1	0	0	0	0	0
●林　昌勇 [右] (ヤクルト)	2	13	47	4	2	2	1	2	2

［クローズアップ・キーマン］

内川聖一「殊勲の3安打」

背番号25のユニフォームを手に走った。

「一緒に戦ったメンバーとして村田さんがいたことを、何とかお客さんや日本のファンにも見てもらいたかった」

右太ももの肉離れで離脱した横浜のチームメート・村田の分も働き、そして今は歓喜に酔いしれなければならなかった。

「9回に追いつかれ、チームが沈んだ気持ちになっていた。塁に出て何とか変えてやろうと思っていた。当たりはグチャグチャだったけど、結果的には最高の一本になりました」

延長10回。韓国の守護神、林昌勇から放った右前安打がイチローの勝ち越し打を呼び込んだ。そればかりではない。3回には右前安打。8回には右前安打で出塁し、3点目のホームを踏んだ。守っても5回に高永民の左翼への当たりをショートバウンドで捕球、二塁を狙ったコをストライク送球で刺す好プレーもみせた。

「右投手のときに替えられたり、正直言うとずっと悔しい思いをしてきました。でも、最後の優勝の瞬間にグラウンドに立てていたことに幸せを感じました」

左の好打者を揃えたサムライ打線で「カギを握るのは若い右打者」と中島とともに原監督からはキーマンに指名された。

「最後にフル出場させてもらってすごい充実感を味わえた。最高の自信になりました」

右のイチローを目指す男が、目標にまた一歩、近づいた瞬間だった。

（鷲田康）

Yukihito Taguchi

殊勲の 3 安打、守備でも貢献した内川。「僕自身がびっくり」

CHAMPION

「グレートゲーム」と称えられた決勝戦。37日間の激闘に幕——。

［ＭＶＰインタビュー］

松坂大輔

「一人だけど一人じゃない。みんなが一緒に戦っていた」

前大会も含め、先発した6試合のすべてに勝利した。
2大会連続のＭＶＰは当然の結果だろう。
だが、この男はさらなる高みを見つめている。
技術のみならず、すべてを兼ね備えた日本の
投手力が、いつか世界を席捲する日のことを。

Daisuke Matsuzaka

Yukihito Taguchi

歴史に彩られたドジャースタジアムに、七色の紙吹雪が舞った。カリフォルニアの澄んだ夜空を場内のサーチライトが眩いばかりに切り裂き、紙吹雪を万華鏡のように映し出している。虹の飛沫は祝福の舞を演じながら、大会二連覇を果たしたサムライジャパンの頭上に降り注がれた。

スタジアムを埋めた5万人以上の観客の歓声と拍手に包まれながら、28人の選手に金メダルが掛けられていく。メダル授与が終了すると、観客席を揺るがしていた大歓声が場内のアナウンスで突然、止んだ。

「本大会のＭＶＰを発表します。その選手はダイスケ・マツザカ」

「うおーっ！」という声と同時に、再び場内に歓声と拍手が沸き起こった。

突然、自分の名前を告げられた松坂大輔は一瞬、戸惑ったような表情を浮かべた。その理由は、原辰徳監督、イチロー、決勝戦で力投した岩隈久志と共に、優勝記者会見場に現われた松坂の口から明らかにされた。

「僕の個人的な意見を言わせていただくなら、ＭＶＰは岩隈君だと思います」

そしてこうも言った。

「シーズン中なら内容重視のピッチングをしますが、ＷＢＣのような短期決戦の試合では、とにかく勝つことが大事なので、内容よりは勝つためのピッチングをしました。だから、試合の内容は、僕より岩隈君の方が遥かに良かったと思います」

MVPの選出は、数字重視だ。岩隈は1勝。対して松坂は、韓国、キューバ、アメリカ戦と負けなしの3勝。選ばれても不思議ではない。2大会連続のMVP受賞である。岩隈、青木宣親と共にベストナインにも選出された。前大会も含めると6戦6勝、23奪三振は歴代トップ。まさに世界一の数字である。

だが松坂は、サムライジャパンの連覇に顔をほころばせるものの、MVPという個人の評価にはそれほどの喜びを見せない。

「いや、嬉しくなくはないけど、僕以外の投手が獲っていたら、もっと素直に喜んでいたかも知れない。その方が、日本の投手陣の優秀性を世界にアピールできるじゃないですか。やっぱりアメリカ人は、内容より数字を重視するんですね」

そんな松坂が秘かに胸を張るのが、日本の投手陣の防御率である。準決勝に進んだ4チームのうち、日本の9試合の防御率は1・71、韓国は3・00、ベネズエラが4・13、そして米国は5・99だった。

「日本は極端に低い。僕ら投手陣が日本の優勝に貢献できたと思うと、凄く嬉しい。僕は投手陣のリーダーを任されたときから、彼らの能力をどうやって引き出していくかを考えていた。この防御率には彼らの力が凝縮されている。だからMVPは、日本の投手陣の代表として僕が戴いただけと思っています」

優勝の翌日、選手全員の記者会見が行われた。チームで最も年下の20歳の田中将大が、

「次は18番を付けて出場したい」と語り、報道陣の爆笑を誘った。しかし松坂は、田中のこの発言がことのほか嬉しかった。

田中の言葉には伏線があった。

サムライジャパンが顔を合わせたばかりの頃、ダルビッシュ有や涌井秀章が、田中を松坂の元に連れ出し、告げた。

「マー君（田中）が、なんで僕が18番じゃないの、って言っていますよ」

ダルビッシュや涌井が田中をからかっているのは百も承知だった。しかし松坂もとぼけて、真顔になった。

「取れるものなら、取ってみろ」

田中は冗談で口にしたことが日本のエースに告げられてしまい、顔を硬直させた。

「僕はそんなことを言っていません。いや、申し訳ありません。ごめんなさい」

顔を真っ赤にし、身を縮めながら恐縮している田中を見ながら、松坂は自分と若手の間に〝壁〟が存在していることを察知した。

「僕は自分がメジャーリーガーだとか、ワールドシリーズで世界一になったとか、昨年は18勝したとか全く意識はしていなかったけど、彼らは僕を特別視していることが分かった。だからまず、その意識の壁を取り除かなければならないと思った」

そんな思いがあったからこそ、優勝記者会見という公の場で、ダルビッシュにそそのかされたにしろ、田中が「18番を取る」と公言したことが松坂を喜ばせたのだ。松坂はその数日後、満面の笑みを浮かべ言った。

「マー君の発言に象徴されるように、チーム内で年齢や経験から来る遠慮がなくなった。みんな伸び伸びプレイが出来た。仕舞いには、マウンドに立つのは一人だけど、その人のために他のメンバーは何が出来るかを考えるようになった。一人だけど一人じゃない。みんなが一緒に戦っていた。仲間を信じられたからこそ、常に緊張を強いられたWBCで、1点台の防御率を残すことが出来たんです」

投手陣13人の中でメジャー選手は松坂だけだった

投手陣のリーダーに指名された松坂は、投手陣の底上げが連覇の鍵だと考えていた。メジャーで闘った2年間で、日本の投手陣は世界に誇れることを確信していたのだ。

「ただ、日本の投手陣は技術があっても、国際大会になるとパフォーマンスが発揮できない。北京五輪のビデオを見て痛感しました」

緊張感の高い国際大会で、どうしたら伸び伸びとパフォーマンスを発揮させられるか。その前に、自分と他の選手との間に存在する壁を取り除かなければならない。松坂は若い選手に積極的に話しかけ、時間があればメンバーを変えつつ、食事に連れ出した。そんな姿勢が若い選手から徐々に〝遠慮〟を取り除いた。合宿初日から1週間後、ダルビッシュが言った。

「松坂さんはメジャーでも凄い人なのに、僕らと同じ目線で語ってくれる。壁を作らない態度が人間的に素晴らしいと思います」

ダルビッシュの言葉を伝え聞いた松坂は、意外そうな表情を浮かべた。

「僕は無理して、同じ目線に立とうとしているわけじゃないんですけどね。地を出しているだけです。でも僕も、彼らの伸びようとする成長エネルギーには刺激を受けています。彼らの視線は常に感じていました」

投手陣13人の中でメジャーの選手は松坂だけだったせいか、若い選手たちは質問魔と化した。ピッチング技術だけではなく、トレーニング法、調整の仕方など微に入り細に入り聞いてくる。後輩からの呼び名もいつしか「松坂さん」から「大さん」に変わった。

「僕の癖まで見ていましたからね。僕はマウンドに立った時に、トントンと小さく跳ねる癖があるんですけど、『あの仕草にはどんな理由があるのか』って。そこまで見られているのかと、ちょっとびっくりしましたけど」

松坂は彼らの質問には全て答えた。だが、国際舞台で最も大事なのは、普段の自分をいかに出せるかだと説いた。対戦相手の研究をするのはその後でいい。その一方、言葉で伝えられないものは背中で見せようと思った。背中で説得するには、結果を残すことが何より重要である。

「前回は、自分の結果を残すことだけを考えればよかった。でも今回は立場が違う。自分の結果を残しつつ、他の選手にヒントになるようなピッチングもしなければならない。大変だったけど、自分の勉強にもなった」

その好例が、第2ラウンドの第1戦目のキューバ戦だった。第1ラウンド第2戦目の韓国戦で先発した松坂は、アリゾナのキャンプ地でジャイアンツ戦に登板する予定だった。しかし、「中4日空けなければならない」という大会ルールを、日本側が時差を考慮しなかったためにマウンドに上がれなくなり、翌日のカブス戦に登板がずれ込んだ。ところが今度は、キューバ戦まで中2日しかないことから、レッドソックスが待ったをかけた。松坂は、ぶっつけ本番でキューバ戦を迎えなければならなくなったが、愚痴は一切言わず、

「中7日はシーズン中もあることなので大丈夫です」と飄々としていた。

しかし他の投手陣は、練習試合で登板できなかったことが松坂にとっていかに厳しいことであるか、理解していた。肩が出来上がっているシーズン中ならまだしも、まだフォームも固まっていない時期である。しかもレッドソックスからの監視人が日本に派遣され、キャンプの時にも球数が厳しくチェックされていたことから、肩もまだ万全とは言い難かった。そんな不確実な状態で、第1ラウンドB組で11本塁打、チーム打率4割近いキューバと戦わなければならなかったのだ。

「本音を言えば、参ったなと思いましたよ。でも、日本の選手は想定外のことが起きるとあたふたしてしまう。だからグッと堪えて、平常心を貫き通しました。でも、結果を出さなければそんな姿勢にも説得力を持たせられない。キューバ戦は投手陣に背中を見せるためにも、絶対に負けられなかった」

松坂は、身体能力が高いキューバ打線を封じるために頭脳作戦に出た。捕手の城島健司が構えるミットとは違うサイドに投げる逆球作戦と、シュートとカットボールを駆使し、打ち気満々の打線を幻惑させる術を使う。

「彼らは回の早い段階から嵌っていましたね。ただ、この作戦は僕が勝てば終わりというのではなく、またキューバとは当たる可能性があるので、球を読めないという残像を残しておこうと思った。結局、韓国に負け敗者復活戦でまたキューバに当たることになったので、先発のクマ（岩隈）にはアドバイスしました」

日本は強豪キューバを2試合とも完封し、準決勝に駒を進めたのである。

「準決勝のアメリカ戦では僕が勝ち投手になったけど、リリーフ陣に助けられた。みんな堂々としたピッチングで頼もしかったなあ」

日本の投手陣は最後まで萎縮することなく、持てる力を発揮した。松坂には投手陣の防御率が、ＭＶＰのトロフィーより輝いて見えた。

（吉井妙子）

［戦士達の証言］

城島健司

「いつも堂々としていたい。それがオレの仕事だから」

決勝の韓国戦。9回裏2死から同点に追いつかれ、なおも一、二塁。日本は絶体絶命のピンチに立たされた。だが、正捕手は落ち着いていた。結果的に打たれはしたが、配球には自信があった。迷いなく次打者へ向かっていく余裕があった。

2

Kenji Johjima

Yukihito Taguchi

城島は、あの配球を今でも悔いてはいない。終わりよければ全てよし、とは思えないし反省することはある。ただ……。

「反省はするが、後悔はしない」

いつでも口癖のように言い続けてきたその信念に、あの時まったく揺らぎはなかった。

初球、134㎞の真ん中低めへのスライダーが外れてボールになる。

2球目。内角低目の厳しいコースへ154㎞のストレートを投げ込んだ。ところが甘いコースに入ってしまう。真っ直ぐに強い本来の李杋浩（イボムホ）ならば、アクションを起こすはず。だが、そのときに限っては見逃した。

そして3球目、城島はスライダーのサインを出す。マウンド上で確認した通りの配球だったから、ダルビッシュも首を振ることなくスライダーを投げてきた。

3対2で迎えた9回裏。2死一、二塁の場面で、6番打者の李杋浩にダルビッシュの投げた3球目がレフト前へ運ばれた。

真ん中低めのスライダーだった。

二塁走者が三塁を蹴って一気にホームイン。土壇場で試合を振り出しに戻した韓国ベンチがお祭り騒ぎになる。その日、球場に詰め掛けたのはWBC過去最多の5万4846人。ドジャースタジアムがその地鳴りのような大歓声に包まれた。

野球の神様は、韓国に微笑みかけていた。それでも城島がうつむくことはなかった。

「一打サヨナラの絶体絶命のピンチのときに、いいコースには投げたけど結果的にダルビッシュのスライダーが打たれた。それでもオレは、あのときだからこそ自信を持って投げさせたし、こういう意図があって投げさせたんだっていう自信があった……」

そこには厳然たる過去のデータがあった。韓国プロ野球ハンファ・イーグルスで中軸を担う李杋浩は長打力が持ち味。韓国代表として臨んだ今大会でも、すでに3本のホームランを放っていた。実はその全部を城島は目の当たりにしていた。

東京ドームでの第1ラウンドの中国×韓国戦、サンディエゴのペトコパークでの第2ラウンドのメキシコ×韓国戦での2本はバックネット裏で阿部、石原、そして先発投手と偵察。

第2ラウンド順位決定戦の日本×韓国戦で田中将大が打たれたときは、DHで出場のためにベンチから見ていた。城島の眼前で彼がスタンドに弾き返したのは、3本ともストレート。だから決勝戦での対戦に向けて策を講じてきた。

その李杋浩を9回裏に打席に迎えたこの場面で、城島はダルビッシュと言葉を交わすためマウンドへ駆け寄った。

「コイツは真っ直ぐに強い。めっぽう真っ直ぐに強いからスライダーから入るぞ」

「はい、わかりました」

李杋浩の過去のホームランを城島と共に見ていたダルビッシュに異論はなかった。

その球がレフト前へ運ばれたのだ。

「ダルビッシュは特にスライダーのいい投手だから、もしかしたらあえてヤマを張っていたのかもしれない」

振り返ってみれば、その兆候は確かにあった。この試合ではそれまでに、李杋浩は2回、5回、8回の計3打席立っており、全11球のうち直球は3つ。そのいずれも見逃していたのだ。

そして城島が最も反省したのは、9回2死一、二塁のこの打席で同点タイムリーを打たれた直前の、見逃した直球だった。さすがにここまで直球に反応しないことに気配を感じてもよかった。

「大会を通じて打撃スタイルを変えてきた可能性はある。思えば8回に、李杋浩が岩隈から右中間のフェンス直撃を打ったのもスライダーなんですよ。それも含めて、あれ？って疑うべきだったのかもしれない」

すべては結果論である。たら・れば、を言い始めたらキリがない。ただ、もう1球直球のサインを出していたらと、あれから1週間が経過した今でも考えている。もしかすると同点に追いつかれることなく9回で試合を終えて連覇を達成できた可能性もある。

「オレの観察力のなさというか、もう少し配慮があれば、あの1点はやらなくてすんだかもしれないな」

城島は、直後にダルビッシュに謝罪した。

ただ一方で、直球を要求しなかったことに後悔はない。0点で抑える可能性と引き換えに、サヨナラ3ランをスタンドに放り込まれる危険性も孕んでいたからだ。瀬戸際での二者択一。その時、城島の頭に去来したのは、事前に行なわれていたミーティングだった。

「投手13人、捕手3人、スコアラーさん、監督、コーチ含めて総勢20人くらいが、あの打者は真っ直ぐが強いと結論づけた。なのに一番大事な場面で、オレの考えで真っ直ぐを要求してホームランを打たれたら、みんなに合わせる顔がないよ。投げるのは投手だけど、サインを出すのはそれだけのものを背負っていると思うから、自分が理由を説明できないといけない。『日本は負けました、みなさんごめんなさい』では絶対にすまされないんです。だからスライダーを投げて打たれた方が、悔いが残らないと判断したんです」

李杋浩の次打者、高永民（コヨンミン）に対する配球もまた、城島だけで導き出したものではなかった。その4球目のスライダーは、ベンチにいた阿部慎之助が北京五輪を経験していたからこそ出せた結論だった。

「阿部が『高永民は完全にヤマ張りだから、1球全然合わなかったら、最後まで合わないです』というヒントをくれていた。過去の3打席の流れから、最後の打席はもう完全にスライダー一本待ちなのが分かった。だから初球ストレートを簡単に見逃し、2球目もストレートを見逃した。バッターは追い込まれれば当然ストレートに合わせなきゃいけない。そこで3球目の真っ直ぐはファウルになった。するとバッターが真っ直ぐをマークしたことで、もうスライダーで仕留めることができる。だから最後の最後でスライダーを投げさせたんです。あれが本当に大きかった。WBC期間中は、阿部や石原といつもキャッチャー同士の意見をぶつけ合っていた。ゲームにはオレが出たけど、ブルペンを含めてみんなのおかげだよ」

独断か、総意か。どちらの選択が正解だったのかは今でも分からない。永遠に答えが出ない、それがキャッチャーの仕事でもある。

ただ、同点に追いつかれて、サヨナラに勢いが大きく傾いていた場面で、この高永民から三振を奪って同点のまま踏みとどまったことが、試合の最大の分水嶺となったのは確か。日本は延長10回2死二、三塁からイチローが決勝の2点タイムリー。韓国は最も打たれたくない相手に勝ち越された。その勢いが一気に衰えたのは明白だった。

そしてその裏、日本に傾いた流れがもう変わることはなかった。最後のバッター、鄭根宇（チヨングンウ）がダルビッシュのスライダーに空振りしてゲームセット。果たして日本の連覇が成し遂げられたのである。

今回のＷＢＣに際し、城島はチェストプロテクター（胸当て）を新たに発注していた。代表候補に名前が挙がった直後のことだった。それには特別な想いがあった。だから決勝戦の９回裏、李杋浩に同点タイムリーを浴びた後、あえて大きく胸を張ってみせた。

「このプロテクターを野手８人に大きく見せて、堂々と次のバッターに臨んだよ。もしあれで、次のバッターにも打たれて負けたとしても、絶対に下だけは向きたくなかった。テレビではセンターからの映像が映って、多くの日本人が海の向こうで見ているんだから、いつも堂々としていたい。こう大きくね、示さなきゃいけない。安心感、そこだけでしたよ。それがオレの仕事だから」

城島の胸の真ん中には日の丸があった。

（津川晋一）

［キーマン徹底検証］

ダルビッシュ有

「制球に苦しんだ理由」

品質が一定でなく、滑りやすいといわれる国際球。松坂大輔や岩隈久志のように、全く苦にしない投手がいる一方で、ダルビッシュをはじめ、本来の投球ができなかった者もいる。その違いはどこにあったのか――。

Yu Darvish

韓国との決勝戦。連覇の陰で9回に起こったドラマを記憶しているファンも多いはずだ。

1点差でマウンドに立ったダルビッシュ有の制球が定まらない。1死から3番、金賢洙（キムヒョンス）にはストレートの四球。4番の金泰均（キムテギュン）にもスライダーが決まらず連続四球を与えてしまった。そして秋信守（チュシンス）が三振の2死から、6番の李杋浩（イボムホ）に今度は甘く入ったスライダーを三遊間に運ばれて試合は振り出しに戻された。

この大会ではダルビッシュが制球に苦しむ場面が多く見られた。

特に苦しんだのがシーズン中には大きな武器となったフォークとカーブがすっぽ抜けてほとんど使えなかった点とスライダーの曲がり幅が大きく、曲がりすぎてボールゾーンに行ってしまうことだった。第2ラウンドの韓国戦で先発したときも、立ち上がりに制御が利かず、先頭打者の李容圭（イヨンギュ）にボールを連発。いきなり0―3とカウントを不利にした上で、ストライクを取りにいった真っ直ぐを痛打された。その後もスライダーでストライクが取れないのを見透かされたようにストレートを狙い打たれて、いきなり3点の先取点を許してしまった。

２００８年のシーズンでは1試合平均で2・38与四死球と、制球力には定評のあるダルビッシュが、今回のＷＢＣでは13回を投げて6与四球。1試合平均で4・15与四死球と2倍近くに数字は跳ね上がってしまう。

この乱れの原因はいったい何だったのか？

日米の球場のマウンドの違いや気候の変化など様々な要素がからんだ結果だが、中でも見逃せないのは、やはりボールの違いだった。昨年の北京五輪も含め、これまで国際大会が開催されるたびに投手陣の課題として挙げられてきた国際球への対応は、ＷＢＣでも再び課題を残すことになった。

日本球とＷＢＣ球の違いが、精密機械のようなダルビッシュの制球力も狂わせたことは、今後の日本野球の大きな研究テーマとなるはずである。

「ボールに対する対応は自分では出来ていると思う。ただ、（ＷＢＣ球では）カーブが全然ダメ。使える球種と使えない球種があるので、それを早く見極めていかなければならないと思っている」

大会を前に豪州代表との強化試合に登板したダルビッシュは、ＷＢＣ球に対する対策をこう明らかにした。また、メジャー球に慣れているボストン・レッドソックスの松坂大輔投手も、前回のＷＢＣでの登板を振り返って「すっぽ抜けるのが怖くてスライダーが投げられなかったが、チェンジアップはよく落ちた。ボールに向いた球種を早く見つけてそれをうまく使うこと」と指摘している。

今回ＷＢＣで使用されたボールは、メジャーの公式球と同じコスタリカで作られたローリングス社製のものだった。日本製のボールと比べると、ボールが滑り、縫い目の糸の高さが高く不揃いなため、変化球の曲がりが大きく変化も一定しないといわれる。

特に日本の投手が苦労するのがボールの滑り。WBC球など国際球は表面の皮をなめす際にほとんど油を使わない。そのため表面がつるつるしている。

日本のボールは油を使ってなめすために表面の感触はしっとりとしたものになり、そのしっとり感が指先になじみ、適度な引っ掛かりがあるためにボールをコントロールしやすいわけだ。そこがこの2つのボールの大きな違いであることは今までも指摘されてきた通りだった。

「もちろん明らかにボールの滑り方は違います。ただ、この滑るという感覚は慣れていくしかない。ダルビッシュが使える球種と使えない球種があると言っていたのは、球種によってその滑り方の違いがあるということでしょう。一般的には（縫い目に）ひっかけ系の球種、例えばスライダーとかカットボールはWBC球では使いやすい。その反面、ひねり系やフォークなどのはさみ系のボールは滑る分だけ抜けてしまう可能性が高くなる。ダルビッシュもフォークやカーブが抜けて制球がしにくいのはそのためだと思います」と解説するのは日本代表のブルペンをあずかった与田剛投手コーチだった。

ただ、ここで滑りやすいと指摘されたフォークボールを他の投手の中には、何の違和感もなく使いこなした例もある。

例えば決勝戦に先発した岩隈久志投手はストレートにフォークとシュート、スライダーを軸に組み立てたが、WBC球では制球しづらいといわれているフォークも自在に操り大きな武器としていた。また、涌井秀章投手もWBC球では使いにくいといわれたカーブをうまく制球して持ち球の一つにしていた。

「結局はその投手個々の感覚の違いだが、もう一つあるとすれば、肉体的な違い。手の大きさの違いも関係してくる」

こう指摘するのは評論家の江本孟紀氏だ。

日本のボールの規格は公認野球規則の1・09項で定められている。これはアメリカのオフィシャル・ルールブックを和訳したものでボールの規格に日米の差はない。ただ、ルールの範囲で重量は「141・7グラム〜148・8グラム」、周囲は「22・9センチ〜23・5センチ」と明記され、重量で7・1グラム、周囲で6ミリの幅まで公認球として認められることになるのだ。

その中で品質が均一でないメジャー球の場合はボール個々によって大きさや重さにバラつきがあることは以前から指摘されている部分だ。日本球もメジャー球も規格上はほぼ同じ大きさと重さになっているが、実際に選手が手にした感覚では日米のボールには大きさや重さなど使用感の違いを生むことになる。

中でも制球に大きく影響を与えているのがボールの大きさとなる。

「日本にきた外国人の投手が〝日本のボールは小さい〟ということがよくある。実際にはそれほど大きな違いはないと思うが、手の大きさの大小で握った感覚は大きく変わるもの。WBC球はそういう違いの影響も出てくる」

江本氏の指摘だ。

実はこの手の大きさの違いが、今回の投手陣の中では顕著にWBC球の扱いに差を生んだ。

岩隈や涌井、また中継ぎで好投した田中将大投手は元々、手が大きくWBC球でも軽くボールを握れた。その反面でダルビッシュや松坂大輔、藤川球児らは手の平から指先までがそれほど長くない。当然、手の小さい投手はボールを深く、強く握らなければならなくなる。強く握る分だけ指先の微妙なタッチが出しにくくなり、ひねったり抜いたりする動作に影響が出てくることになった。

岩隈や涌井がフォークやカーブを日本球と同じ感覚の握りで投げられるのに対して、ダルビッシュや藤川はより深くはさんだり、強く握って回転をかけることになる。力が入れば手首も柔らかく使えない上に、微妙な感覚の違いを持ちながら調整しなければならない。

「投手というのはミクロの感覚で勝負をしている。一握りの違いが変化球の曲がりやボールを離す瞬間の微妙なタッチに影響を及ぼすので、そういう影響がなかったといえばウソになる」

与田コーチはこう明かしている。

しかも、WBC球と日本球のもう一つの違いは、大きい場合は5グラム前後といわれる重さの違いにもある。

「メジャーのボールを投げた後は、投手の腕の張り方が日本のボールとちょっと違うんですよ」

こう証言するのは日本人メジャー投手のケアをしているあるトレーナーだった。

「普通はピッチングをすると肩から前腕部分にかけて張りが出るんですが、日本のボールに慣れた投手がメジャーのボールを急に使って投球をすると前腕部の張りが非常に強くなる傾向があります」

理由はボールの大きさと重さの違い、とそのトレーナーは推察する。

「たとえ2、3グラムでも投手にとっては大きな負担。感覚的でもボールが大きく重いと感じると、どうしても深く強く握るので、前腕の筋肉に負担がかかってくる。そうなればフィジカル面でも、筋肉の張りも出るし握力も落ちる。これもメジャー球が制球にも影響を及ぼす一つの理由だと思います」というわけだ。

アテネ五輪では銅メダルに終わり、北京五輪でもメダルに手が届かなかった。その中で国際基準のボールやストライクゾーンを統一する必要性を指摘する声は、一部の野球関係者の間で起こっていた。その反面、いわゆる飛ぶボールから国際球に変えれば、本塁打が激減して華々しい魅力が失われるという声もプロ野球関係者の間では根強い。

ただ、急激に技術力がアップ。パワーとスピードを兼ね備えた野球で日本のライバルへと成長してきた韓国のプロ野球では、すでに国際化に備えて国内リーグをすべて国際基準で統一していることも指摘しておかなければならない点だろう。

「野球というのは慣れのスポーツ。こういう国際大会では使用するボールもストライクゾーンもどれだけ順応できるかの勝負だった。そういう意味では日本の野球の順応力の高さを示した大会でもあったと思う」

ＷＢＣを終えた原監督はこう胸を張った。日本人の持つ順応力の高さならば、国際球を使って選手がその感触に慣れさえすれば、パワーと技術も新しい水準へと進化する可能性は高い。

連覇を決めた韓国戦。延長10回、最後の打者の鄭根宇（チョングンウ）を三振に仕留めたダルビッシュが挙げた雄たけびこそ、日本野球の適応力の高さを示す象徴でもあったわけだ。

（鷲田康）

［キーマン徹底検証］

青木宣親

「データが語る理想の3番」

類稀なるバッティングセンスと堅実な守備。北京五輪に続き今大会でも全試合に出場し、日本の打点王に輝いた、不動の3番である。見かけのデータだけでなく、その裏を読めば、この男のほんとうの価値が見えてくる。

23

Norichika Aoki

ＷＢＣで見出しになった選手といえば「イチロー」「松坂」「ダルビッシュ」。そして「岩隈」だった。開幕から不動の3番打者としてチーム最多打点を挙げながら、青木宣親はスポーツ紙の1面には縁がなかった。テレビ中継でも、常に脇役扱いだったように思う。しかしどう見ても、今回、チームが苦しい時、崖っぷちに追い込まれた時、野手の中でいい働きを見せたのは青木である。２００９年の今、誰が日本で一番いいバッターなのか、その答を見せつけたと言ってもいい。

原辰徳監督の当初の考えは「1番・青木」「3番・イチロー」だったわけだが、イチローの調子を見て、開幕直前に2人を入れ替えた。全試合3番を打ってチーム最多の7打点だから、それだけでＭＶＰにも値する働きだが、「負けたら終わり」の第2ラウンド2度目のキューバ戦で4安打2打点と、打点の中身が濃い。また今回は、ヒットを打った打席だけでなく、アウトになった打席にも中身の濃いものが目立っていた。その点をしっかり押さえれば、彼の本当の価値が見えてくる。

ＷＢＣ全43打席で、青木は12安打、4四球、1犠打、1犠飛。凡退したのは25打席だった。しかしその25打席の中に、少なくとも3打席は、はっきりした成果のある打席があった。

一つは日本がコールド勝ちした第1ラウンドの韓国戦、2回の第2打席。4―2とリードして無死満塁という場面で、韓国の守備隊形はダブルプレーシフトだった。内野ゴロで1点取ればOKという場面だ。この時、堅実に遊ゴロを打って1打点を挙げている。

二つ目は、日本が0―1で敗れた2度目の韓国戦、0―1の4回無死二塁という場面。バントかと思われたが、強打のサインが出た。この時は確実に引っ張って、進塁打となる一ゴロ。この試合、結局は韓国の先発奉重根（ボンジュングン）に苦しんで完封負けを喫するわけだが、その中でも、青木はできることを確実にやった。

三つ目は決勝の7回無死一、二塁での一打。結果は右飛となったがフェンス際まで飛ばして、二塁走者のイチローを三塁に進めている。

さらに付け加えるなら、決勝の3回無死一塁で打った一打も、記録は二塁手の失策になったものの、左腕、奉重根の内角高めの速球を完全に捉えた強烈なライナーで、二塁手のグラブを弾いてチャンスを広げた。強襲安打と記録されてもおかしくない一打だった。

こう見てくると、今回、青木が本当の意味で凡打した打席は9試合で21打席だけ。平均すれば、1試合当たり、ほぼ2打席しかなかったということだ。

ヒットや進塁打とはまた別の貢献もあった。投手に球数制限のあるWBCでは、試合前半の打席で、相手投手に多く投げさせることが大きな意味を持つ。青木の場合、9試合の第1打席で、5球以上投げさせた打席が5度あった。第2打席でも4度、5球以上投げさせている。また第2ラウンド初戦のキューバ戦では、5回の第3打席（一ゴロ）で12球も粘って救援のヒメネスを精神的に疲労させ、そのあと村田死球、小笠原右前打、内川中前打で追加点という展開の伏線を張っている。こうした貢献も見逃せない。

国際試合で活躍するには、対戦経験のない投手にいち早く適応する必要がある。この点における青木の才能は明らかで、どんな相手でも「1打席で慣れる」と語っている。

実際、彼が国際試合で活躍したのは、今回が初めてではない。日本が4位に終わった北京五輪でも、最初は2番、途中から今回同様3番を任されて、この時も全9試合でチーム最多タイの7打点を挙げている。打率・294（34打数10安打）と出塁率・359も、全試合に出場した選手の中では、チーム内で2番目の成績だった。北京五輪とWBCの両方で、青木が日本の打点王になろうとは、誰も予想していなかったに違いない。

この事実に、短期決戦の国際試合では、どういう選手を3番にすべきか、その答があるように思う。日本は今回、チーム本塁打は4本だけ。4強の中では一番少なかった（韓国11本、米国12本、ベネズエラ13本）。それでも、世界一になったのは日本である。知らない投手とばかり対戦する国際試合で重要なのは、ボールを遠くへ飛ばす能力より、いち早く適応して、しぶとく次に繋げる能力なのだ。

北京五輪と、今回のWBCの両方で全試合に出場した選手は青木だけだった。監督が誰であれ、いま「日本の3番」は青木なのだということだろう。


（小川勝）

［特別インタビュー］

山田久志

「継投の魔術師が語る舞台裏」

中継ぎ専門の投手がほとんどいない選手選考。大会前には様々な批判や憶測が流れていた。だが、継投の魔術師とよばれたこの男には、したたかな計算があった。その目論見は、世界の大舞台で見事に結実する。

Hisashi Yamada

「日の丸はものすごく重いものだというのがよくわかった。二度とこんなしんどい思いをしたくない。王さんが病で倒れたのもわかる気がするんだ」

戦い終えた安堵感からか、本音がこぼれた。

投手コーチ山田久志が国際舞台で日の丸をつけて戦うのは、これが初めてだった。代表コーチに選任された時、「日の丸の重みに60歳を過ぎてワクワクする思いがある。こんなチャンスは最後だから、山田の野球観の集大成にしたい」と言って引き受けた。投手のことを任され、継投から交代時期の権限を与えられたチーム最年長の男。世界制覇の陰でチーム防御率1・71を誇る世界一の投手陣を作り上げた。

「準決勝の5回途中で松坂大輔がマウンドを降りる時、みんなに『すみません』と言ってくれた。大輔には『チームをまとめてくれよ』とは言ったけれど彼は十分に理解してチームの勝利のために投げてくれたんだ。投手陣の〝陣〟というのが出来上がったと思ったよ。投手を選ぶに当たっての人選がよかった」

連覇を果たした理由を山田はこう語った。

今回、MVPを獲得した松坂は投手陣のリーダー。彼には同世代で常に行動を共にする、杉内の存在が大きいと山田は考えていた。海外での長期滞在はストレスがたまる。そのため、孤立する事のないように、力が同程度ならば、仲のいい者同士を選ぶ事にしたのだ。

「中継ぎの専門がいない中、左の山口鉄也の存在が役立つ時がくる。彼はよく、内海哲也と行動を共にする。だから、山口を頼るならば、内海は外せないなと思った。和田毅の役回りは杉内が十分果たせるからね」

最終選考時に、不思議がられた内海の代表入りはこうして決まった。そして、ダルビッシュには仲のいい涌井、松坂には杉内につなげることで、気持ちよくマウンドを降りられるように配慮した。

また、第2ラウンドの先発ローテーションは、初戦を松坂、2戦目をダルビッシュ、3戦目は岩隈と最初から決めていた。鍵になるのが3戦目の岩隈。そのために、早い段階でどうしても慣らしておきたかった。だから、松坂の後、リリーフで岩隈を1イニング挟み、逃げ切るパターンを作り上げようと考えた。

「フェニックスに来てから、いろいろ試行錯誤をしながら頭の中で考えていたよ。球数制限があるから、継投は必ず必要になってくる。そのために、色々なパターンをノートに書いては消し、消しては書いているうちにあっという間にノートが真っ黒になってしまった」

宮崎合宿から始まった、いわゆる「山田ノート」はすでに3冊目に達していた。その中から勝っている時のパターン、負けている時のパターン、接近している時のパターンの3つを書き出し、原監督とブルペン担当の与田剛コーチに渡した。

与田コーチの分には、投手それぞれから聞いた「肩の出来上がるまでの投球数」が書き加えてあった。

「リリーフ、つまり中継ぎの専門職不足と当初から言われていたけれど、2月15日からの宮崎合宿を通じてわかったのは、この位のレベルの投手になれば、中継ぎだろうが、抑えだろうが立派に果たせるということ。ただ、先発をしている連中は、肩の出来上がりが遅い。それで合宿の時に、一人一人に何球で肩が出来上がるかを聞いて準備することにしたんだ」

与田コーチに渡されたメモは、常々言われていた中継ぎ不足を克服するための、まさに秘策が書かれたものであった。

「監督には投手をどう配置するか理由を話し、心づもりを持ってもらう必要があったし、与田には球数と照らし合わせて準備をしてもらう必要があったからね。このチームになって、原監督とはよう飲んだ。お互い、戦いのことが頭から離れないので、飲んでも酔わない。でも、この緊張感がいい。日本に戻った時には心置きなく酔いたいものだね」

そして、第2ラウンドの初戦で、松坂の力投からリリーフに岩隈を挟んで次にいける事を実際に確認する。2戦目のダルビッシュの投球には、大会公式球に馴染んできた事を感じる。杉内はいろんなパターンで使える事がわかった。次第に13人の投手の中で、アメリカで使える選手と使えない選手の色分けがはっきり出来上がっていった。

ダルビッシュを抑えに起用したワケ

「トーナメント式の短期決戦では、使える人と使えない人の色分けが出来てくるのは仕方がない。でも、ダメと烙印を押し、そのまま所属チームに戻すのは失礼だからね。それで、決勝トーナメント進出を決めた後の順位決定戦、プレッシャーのかからないところで内海と小松を登板させた。結果的にはいいピッチングをしてくれた」

この試合、田中、馬原、藤川などが投げ、田中は151キロ、馬原は153キロの球速を記録する。けれど、藤川の最高は145キロだった。阪神では155キロのストレートを投げる投手がである。

「戦っている中で皆、公式球に慣れ、マウンドの硬さを自分のものにしていった。そんな中で球児だけは一向に調子が上がってこない。結局は投球フォームだと思う。岩隈の飛び跳ねるようなフォームが合うようだ。下半身の粘りで投げる球児のフォームは、アメリカの硬いマウンドとは合わない」

アメリカに来てからの、思いもよらない藤川の不調は山田を大いに悩ませた。そのせいもあってか、ホテルの部屋で夜中にぱっと目が覚めて、眠れなくなり、あれこれ考えながらノートにメモを取る日が続いた。

その後ロスに移動した練習初日、投手陣が外野に集まり、球速の話で盛り上がっていた。

　ダルビッシュもその輪の中で、「96マイルって何キロ？　それぐらいは出ていました」とスピード争いの話をしていた。

「自分の晩年などは１２０キロぐらいしか出なくても打者を抑えられているのに、投手ってどうしてスピードにこだわるのかなと思って聞いていたら、球児が『僕、スピードが出ないんですよ』と言ったんです。調子が上がってこないと一番感じていたのは本人だなとわかったとき、抑えは球に力があるダルビッシュにしようと思った。それで、ダルビッシュを呼んで、『リリーフもあるから準備をしておいてくれ』と伝えたんだ」

　ダルビッシュは返事こそしたものの、外野フェンス近くに行きいきなりランニングをはじめた。山田もそれを追ってフェンスの方に歩き出した。

「投手って、先発をずっとやっていて、抑えって言われると降格を言われたんだと思うものなんだ。だから、きちんと説明しようとしたら返ってきた答えは『山田さん、今後のためにシンカーの投げ方教えてください』だったんだ。面白いやつや」

　ダルビッシュの「抑え」としての起用は、その日のうちに伝えられた。藤川はこれにある程度納得して、ダルビッシュにリリーフを託した。

「球児がリリーフの心得をダルビッシュに教えてくれたんだってね。やはり、チームとして戦う形が出来上がってきたからこそ、日の丸のために一つになってくれたんだよ。

いい投手陣だった」

　球数制限、登板間隔制限という難しい条件の中〝継投の魔術師〟と言われた投手交代を見事にこなし優勝が決まった時、あらゆる場面を想定し、調整してきた岩隈と杉内に「ありがとう」と声をかけ、登板機会のほとんどなかったストッパーの藤川に対しては「すまなかった」と声をかけた。

　そんな山田は決勝戦前、練習から引き上げる際、さりげなくVサインを出した。そして「これが山田の最後のユニホーム姿になるから」と本気とも冗談ともとれる一言をつぶやいたのが印象的だった。

（永谷脩）

［密着ドキュメント］

王貞治「いつまでも日本代表とともに」

特別顧問として、世界一の誇りを賭けた戦いを後押しした王貞治。陰でチームを支える前指揮官の存在が、どれだけサムライたちを勇気づけたことか――。世界の王がいる限り、日本球界の未来は明るい。

Sadaharu Oh

「王特別顧問の存在があったから、気持ちの上で楽だった」

原監督は決勝トーナメント進出を決めた後そう語っていた。

今回、王貞治は日本代表特別顧問として、選手と共に戦った。アメリカ入りしてからは選手宿舎に泊まり、食事も共にした。

その存在の大きさに選手たちは近寄り難いなか、名球会仲間である山田久志投手コーチが席を共にすると「ヤマ、お前が一番の年長なんだから、泥をかぶる覚悟で監督を助けてくれ」と言い、「日の丸の重みって大きいよな」と話していたという。

そんな王に原監督は「勝負の重さを選手に伝えて欲しい」と、何度もミーティングに出てくれるように頼んだ。だが王は、その度に出席を断っている。

「ユニホームを脱いだ者が、現場に口を挟んでも混乱するだけ」と言って拒否した後、「現場が思い切ってやればいいんだから」と現場指揮には一切、口を出していない。大会前「私の役目は現場で戦う選手やスタッフを周囲の雑音から守ること」と言っていたが、現場に関しては黒子役に徹していたのだ。

王はアメリカに来てからも常に代表選手と一緒に行動し、試合はＮＰＢコミッショナーの加藤良三と共に見守った。

決勝トーナメント進出を決めたキューバ戦。原監督は王の姿を見つけると、一番先に近づき、人目をかまわず抱擁した。

「決勝トーナメント進出を果たし、ベスト4に入る事が、実は第一の関門だったからね。公約を果たせたというのはたいしたものだ」

王はサンディエゴ入りした3月15日以来、「たいしたものだ」が口癖になっていた。

そして準決勝でアメリカを破り、韓国との決勝戦を前にすると、自らが指揮した3年前の大会を振り返り、その心境を語った。

「よくここまで来たな、という思いがあるんだ。原監督も第1回大会で日本が世界一になってしまったばっかりに、すごいプレッシャーがあったと思う。その中で段々と一つの形になっていった。連覇してこそ、第1回大会の優勝が奇跡ではなかった事を証明できると思う」

また特別顧問としての目で今回のWBCに関して冷静に分析をしている。

「アメリカに勝ったからといって、日本の方が全てに勝っていたとは思えない。まだまだ学ぶべき点はあると思う。中南米やアメリカ、韓国の選手もそうなんだけど、一発で同点となるパワーを持っているしね。バッターがストレートに対して、常に強い打球が打てるというのは、ポイントを前にしてバットを強く振っているという証拠なんだ。速い球から逃げない。日本も強い振りができないとまだまだ世界では戦えない。それでも、彼らにはない技術を日本は持っている。変化球を打つ〝技〟でつないでいくという、日本らしい野球が出来上がりつつあるのではないかな。色々、問題もあるかもしれないが、プロ野球のボールの基準も世界基準と統一すべきではないかと思うよ。飛ばないボールなら、強く振らないと野手の頭を越せないのだからね」

迎えた決勝戦。9回1点をリードされながらも土壇場で同点に追いついた韓国チームのパワーに関しては素直に敬意を示した。

「第2ラウンドで田中将大が打たれた一発にしても、スライダー、スライダーでカウント0―2になっても徹底して真っ直ぐを狙ってバックスクリーンだもの。岩隈が打たれたスライダーもそう。あのパワーはすごい」

そして、最後の最後に勝負を決めたイチローに目を細める。

「やっぱり、千両役者って言葉が似合う。出来過ぎのドラマって感じがするほどすごかった。彼の精神力はたいしたものだ」

自らが返還した、ティファニー社製の優勝トロフィーが原監督に渡るのを見守った王は、国旗を掲げて、場内を一周するナインの姿が外野に動くのを見て静かにベンチを去った。

球場を後にしたその時「いろいろあった監督人選だが、我々が原監督にしたことは間違いではなかった」と何度も何度も思ったという。昨年、ユニフォームを脱いだ王はまた一つ大きな仕事に区切りをつけたのだ。

（永谷脩）

［監督インタビュー］

原辰徳

「にっぽんぢから」

過剰な期待を背負っていただけではない。足並みのそろわない球界、主力選手が陥った不調、様々な重圧と戦い続けた日々だった。幾多の障害を乗り越えた指揮官が、万感の思いを込めて大会の歩みを振り返る。

83

Tatsunori Hara

漆黒の夜空に背番号83が浮かび上がった。3月23日（日本時間24日）はサムライジャパンと命名された日本代表が、真のサムライとなった日だった。その総大将・原辰徳監督は選手の手で三度、宙に舞った。

「最高の気分でしたね。巨人で何度か胴上げを経験しましたけど、また違う感慨があった。巨人での戦いというのは達成感が強いんですが、日の丸を背負った戦いというのはどこか重い。特にこのWBCは前回、王監督が率いた素晴らしいチームが世界一という偉業を成し遂げている。ファンの皆さんも日本球界の関係者も、連覇という期待を持つ中で、目標を達成できたことに、やはりホッとしたというのが正直な感想です」

指揮官は穏やかな表情でこう話した。

2月15日に宮崎に集合し、合宿をスタート。約1カ月の戦いだった。その中で監督がチームに求めたものは何だったのか？

「合宿の初日に僕は選手たちに『このチームは今日より明日、明日より明後日と日一日進化するつもりで戦っていこう！　そのことを頭のど真ん中に置いてやっていこう！』という話をしました。選手たちは一流の集まりです。技術、気力に関しては全く心配することはなかった。ただ、問題は二つでした。一番大きいのはコンディショニング。これは我々、首脳陣が逐一、彼らの状態を把握して起用していくということだった。そしてもう一つがチームとしての結束です。最後の記者会見でイチローが『それぞれが強い向上心を持っていれば、リーダーは必要なかった』というような話をしました。本当にそのとおりで、選手一人ひとりが日々進化する気持ちを持ってくれた結果、チームはどんどん結束してまとまっていった感じです。その手ごたえを感じたときに、私自身の中では『いける！』という実感がありました」

開幕してから最も誤算だったのは、そのイチローの不振だった。第1ラウンドでは第2戦の韓国戦で日本キラーといわれた左腕の金広鉉（キムグァンヒョン）投手から第1打席に右前安打を放つなど3安打を放ったが、その後はさっぱり。アメリカに渡ってもずっと本来の姿を取り戻せないイチローに、一部では先発を外すべきでは、という声も起こった。

「そうですか……。でも、僕自身は一度たりとも、彼を先発から外すことは考えませんでした。単純に戦力というか、野球という総合的な部分で考えれば、彼の守備力というのは他では埋められないものがある。チームには亀井という肩と足のある控え選手もいましたが、それでも守備の総合力を考えたらイチローの方が上でしょう。だから彼をライトのポジションから外すことは有り得ないというのが私の考えでした。それと打撃に関しても、ずっと彼本来のバッティングができなかったことは確かです。そのことでイチロー自身も非常に悩んだと思います。でも、この打線はどんなに不振でも、やっぱりイチローが軸になる打線なんです。だからケガなどコンディション面で問題がない限り、スタメンから彼の名前を外すことは、一度たりとも考えたことはなかったですね」

負ければ第2ラウンドでの敗退が決まった3月18日のキューバ戦。イチローが5回無死一塁から送りバントを試みて失敗した。この大会でイチローは都合4度のバントを試みている。一部には原監督のサインという報道もあったが、監督はそれを否定する。

「イチローにバントのサインを出したことはない。イチローの足なら内野ゴロでも併殺の確率は低い。走者が入れ替われば盗塁とかもう一度、作戦を組み替えることもできる。彼にバントのサインを出したことは一度もなかったし、考えたこともなかった。あのバントは全部、彼が判断してやったことです。なぜ、バントしたのか？　もちろん走者を進めることが目的です。ただその手段として、彼がなぜバントという方法を選んだかについては私なりの想像はある。ただ、それは少し感情の高ぶったところでのものなので、まだちょっと言葉にするのは早いでしょう。もう少し、時が経って冷静に振り返ってみた後に話しましょう（笑）。ただ、あのキューバ戦でバントを失敗してベンチに戻ってきたときの顔は、本当に何とも言えない表情でした。そういうことも含めて決勝戦の延長10回にイチローのヒットがセンター前に落ちた瞬間は、チームにとっても私個人にとっても忘れられない映像になると思います」

実はこの試合の最中に原監督はイチローに「もうバントはしなくていいから」と声をかけたという。その直後の7回にイチローは同じ無死一塁という場面で右前安打を放った。決して会心の当たりではなかった。打球が大きく弾んでバントを警戒して前進守備をしていたキューバの一塁手の頭上を越えていった安打だった。しかしバットを強振した結果、イチローにとっては13打席ぶりの「H」マークがスコアボードに灯ることになった。

「もうこれからは自分のバッティングを思い切ってしなさいということ。だってこのチームは、どんなにヒットが出なくても軸はイチローなんだから。その部分で揺るぎはなかった。これが例えば巨人というチームを率いているときだったら、ちょっと違うかもしれませんけどね。代表チームと巨人を率いるときとで一番、違うのは我慢ということです。巨人なら我慢はしない。動く。でも、このチームは一流の集まりで、技術や気持ちの部分で心配することはまったくない。だから選手の起用でもそうでした。イチローだけではなく岩村、福留というメジャーリーガーたちも、第1ラウンドでは結果はあまり出なかったかもしれません。でも、彼らに活躍してもらうのはアメリカに行ってからだという気持ちだった。そのために1打席でも多く打席に立ってもらう。そういう気持ちでいました」

決め手になったのはコンディションの差

連覇のカギとなった投手起用では、松坂大輔、ダルビッシュ有、岩隈久志という先発3本柱を軸に他チームを圧倒する布陣だった。その中でポイントになったのは最後は先発と抑えを兼任することになったダルビッシュの起用法だが、その考えはいつ頃から原監督の構想のなかにあったのだろうか。

「まず、キャンプの段階で色々なケースをシミュレーションした。その段階でダルビッシュのリリーフ起用というのは一つの案としてありました。もちろん藤川、馬原というクローザーの存在があるわけですから、基本的には彼らに試合の最後は任せるつもりだった。ただ、ちょっとでもこの二人のコンディションが悪いときには、先発の3人の中から誰かを回すことも考えなければならないと考えていました。本来なら松坂をそういう風に使えたら一番良かったのかもしれませんが、彼の場合は所属球団との約束がいくつかあってそれが難しかった」

松坂の代表チーム入りにはボストン・レッドソックスが厳しい球数や登板間隔の制限をつけ、その条件をのんで了承を得た経緯があった。そのため練習から投球数も制限され、もちろん先発とリリーフでの兼任起用などはもっての外というのが実情だったわけだ。

「で、次に適任者は誰だろう、と考えたときにダルビッシュの名前が上がったんです。まず、我々の最初の目標は第1ラウンドを突破してアメリカに行くことでしたから。もし二つで突破できなければ三つ目の試合は非常に重いものになる。そのときに試合がもつれればダルビッシュを投入することも考えなければならないということで、第1ラウンドの先発はダルビッシュ、松坂、岩隈という順番が決まった。最初の中国戦で先発したダルビッシュは球数を50球以内に抑えて、中1日で投入できる態勢を作っておいたわけです」

ダルビッシュは第2ラウンドで3月17日の韓国戦に先発。その後は決勝の先発も予想されたが、藤川球児の状態がもう一つだったこともあり準決勝、決勝と最後を締めくくるクローザーとしてマウンドに上がり、胴上げ投手となった。

「最後はコンディションを含めてブルペンで一番、優れている投手でいこうということです。『いくぞ！』と言ったら、彼も『分かりました！』と快く引き受けてくれました」

今回のWBCに臨むに当たって、原辰徳監督が掲げたスローガンに「日本力（にっぽんぢから）」という言葉があった。その日本力を余すところなく発揮して、チームは連覇という偉業を達成した。原監督が考える日本力とはいったい何なのだろうか。

「私が考える日本力というのは、清く、粘り強くという2点。日本の野球というのは明治時代に柔道、剣道という武道のほかに、何か教育的なスポーツはないかということで普及していったスポーツなのです。そういう意味では野球には『野球道』とでも言える、武道に相通じるものがあると思っています。そういう精神性を強く持って、肉体を鍛えて戦いに臨めた。その結果が連覇という結果につながったと思っています」

混迷した監督選任騒動に始まり、出場辞退者の続出、また最大の柱と頼んだイチローの不振と、様々な障害を乗り越えてたどりついた連覇という栄冠だった。

４年後の２０１３年には第3回大会が待っている。そのとき原辰徳監督は54歳。監督としてはますます脂が乗り切った年齢となっているはずだ。

「でも、次はもう引き受けないと思います。少なくとも現役でチームの監督をやっている限り、代表の監督をやるつもりはない」

「日の丸を背負うことへの誇りと憧れ」を守るために引き受けた代表監督だった。使命を果たした今は、ただ巨人の監督に戻り、また厳しいペナントレースを戦うことしか頭の中にはない。


（鷲田康）

1
Column

西岡剛からのメッセージ。

──今回のWBCは見てた?

「見てましたよ。やっぱり優勝したのはすごいことやと思う。第1回は、他の国から『日本が優勝できたのはラッキー』って言われた。だから今回、連覇したことで前回の優勝の価値が上がったし、日本が強いことを世界に証明できた。そこには感謝しています」

──日本が勝ち進むと国中が盛り上がる。正直、面白くなかったでしょ。

「1月までは『どうでもええ。早く負けてほしいわ』って思っていました。けど、2月にキャンプインしてユニフォームに袖を通したとき、代表に選ばれなかった悔しさはあるけど、野球人として『勝って日本に帰ってきてほしいな』って感情が素直に芽生えてきて」

──前回は「スモールベースボール」と言われたけど、今回の戦い方はどうやった?

「『アグレッシブな攻め方をしてるな』とは感じました。例えば、ノーアウト一、二塁の場面でゲッツーだったけど、送りバントをしなかったとか。セオリー通りじゃなくて常に攻めたことが優勝に繋がったと思いますね」

――原監督の采配についてなんやけど、王さんと違うところは感じた？

「似てると思いました。積極的にオーダーを変えたりとか、選手起用の決断の早さ。負けても、『次がある』と前向きなコメントを残していたところも王さんと同じでしたよね」

――代表監督に求められるものってなんだろう？

「選手に気を遣わないところ。『怪我をさせてしまったらチームに申し訳ない』とか言ってると選手は思い切りプレーできないから」

――バッターだと、前に「2番が一番大事」って言っていたけど、中島はどうやった？

「2番バッターが一番しんどいですよ。今回は1番のイチローさんが苦労していた分、中島さんも大変やったと思う。初球攻撃でアウトになったらチームの雰囲気が悪くなるから粘る。ピッチャーだって『開幕第2戦のほうが大事』って言うでしょ。開幕戦に勝てば連勝を託されるし、負ければ連敗できないからプレッシャーを感じる。2番手は難しい」

――他に印象に残った選手は？

「内川さんですね。結果を残せたのは、無我夢中でプレーしていたからだと思う。決勝戦で、同点にされた5回にレフト線の打球をワンバウンドでスライディングキャッチして二塁でアウトにしたじゃないですか。あれだって、経験を積んでいるベテランの選手なら、回りこんで確実に打球を処理していたはずなんですよ」

――イチローの最後の打席もすごかったよな。

「先頭の内川さんがヒットで出たときに『イチローさんが決める』と確信していました。あれだけの緊張感とプレッシャーのなかで打てたのは日頃の努力の結果やし。最後に国民の期待を裏切らないイチローさんはすごい」

――決勝の相手の韓国とは合計5回も戦って。

「一番、強い気持ちを持ってWBCに臨んでいたのは韓国やと思います。第2ラウンドで日本に勝ったとき、またマウンドに旗を立てたでしょ。『どうや!』って力を見せつける。今回もハングリーさを前面に出していた」

――アメリカについては?

「心では『アメリカがナンバーワン』と思っていて、日本に負けたことにムカついてると思うけど、『日本の野球はすごい』と敬意を表してくれた。懐の深さを感じました」

――今回の落選は野球人生の挫折?

「挫折とは思わないけど、試練かな? 4年後のWBCにはもちろん出たいけど、そのための野球はしたくない。僕にとっては千葉ロッテで活躍することが一番。チームで一生懸命やった結果として代表に選ばれたいですね」

――次回、3連覇するために日本の野球界はどうすべきだと思う？

「選手としては、WBCを見て『すごいな』とか思ったら代表には選ばれない。『俺が出てない試合は興味ないわ』ってテレビ消すくらいの負けず嫌い根性を持たないと、日本の野球レベルはどんどん落ちていきますよ」

（インタビュー・橋本清／構成・田口元義）

Column 2

日韓対決新時代。

「日本、韓国と最後のデート」

決勝戦当日のアメリカのある朝刊はこんな見出しを掲げた。大会5度目の対戦。当事者たちは否定しても、傍からは「けんかするほど仲がよい」特別な間柄に見えてしまうのだろう。ただ、対戦回数を重ねただけでは特別な間柄には見えなかったはずだ。そう見えたのは、日韓両チームの試合が熱戦、接戦になるからだ。この大会での5試合のうち、最も重要な決勝と、つぎに重要な第1ラウンドの第2戦は、最後までどちらに転ぶかわからない試合だった。

「野球がかみ合っている」

妙ないい方だが、決勝の熱戦を見ながら、途中でそんな言葉が頭に浮かんだ。お互いに相手を倒そうとしながら、まるでお互いを引き立てるように好プレーを繰り出す。日本も韓国も、ほかの相手だとこうは行かない。

日韓戦が「かみ合って」熱戦になったのは、基礎になる技術がしっかりしていたからだ。堅実な守備力、スピードのある走塁、投手はコントロールを乱して自滅する場面がほとんどない。土台の堅実さの上に、日本は先発投手の圧倒的な能力が加わり、韓国は対照的に中心打者の力強いスイングが加わってそれぞれの個性を形作っていた。土俵の上で片方が竹刀、片方がグローブをつけているといったことはなく、両方ともまわしを締めて、違う得意技で勝負をしていた。

かみ合っていたのは、事前の準備もしっかりしていたからだろう。ともに2月15日から合宿に入り、選手たちのコンディションは参加チームの中で傑出していた。足の動き、体の締まり方を見れば、このふたつのチームが決勝に残るのは当然と誰もが納得できた。綿密なスカウティング（情報収集）で、相手のキーマンを封じ込める策も、同じように成功させていた。

日本は、韓国戦で、左の先発2枚、特に金広鉉（キムグアンヒョン）をいかに攻略するかをテーマに掲げていた。そして彼の得意球であるスライダーに狙いを定め、低めは捨てて高めに来たのだけを打つという方針を徹底させ、最初の対戦で打ち崩した。第1ラウンド2回戦の8失点で、キムは完全に自信を喪失し、先発から外れた。

一方の韓国は、ダルビッシュ有に狙いを定めていた。第2ラウンド2回戦の1回裏、制球の乱れをついて足を使った攻撃で一気に3点を奪ったのは立ち上がりが不安定なダルビッシュの特徴をつかんでいた証拠である。

お互いによく「かみ合い」、個性も出しながら熱戦を演じても、最後には結論を出さねばならない。「けんかするほど仲がよく」見えても、最後にはきっちり別れなければならないのが恋人たちとは違うところである。

延長にもつれ込んだ決勝戦の10回表、韓国は前の回から登板していた林昌勇（イムチャンヨン）を続投させた。クローザーで、原則は1イニング限定の林を1点ビハインドで出して2イニング投げさせたのは、彼以上の信頼できるリリーフ役がいなかったからだ。一方の日本は杉内俊哉、ダルビッシュと先発投手をリリーフに使い、なお、藤川球児、馬原孝浩というクローザーをブルペンに待機させていた。さらに、韓国はほとんどの試合でマスクを被り、監督の分身といってもよいベテラン捕手の朴勍完（パクキョンワン）に代打を送ったため、9回表からは経験の浅い23歳の捕手にマスクを委ねなければならなかった。

「日本と互角に勝負できるスタメンは作れる。しかし、日本のように代表チームをいくつも編成できる層の厚さは、韓国にはない」

金寅植（キムインシク）監督はじめ、韓国の指導者たちは、大会前にそんなことを話していた。よくかみ合って熱戦を演じた両チームの明暗を最後に分けたのは、代表選手のうしろに控える有名、無名の選手たちの数だったのかもしれない。

（阿部珠樹）

韓国記者が見た太極戦士

どんな世界でも、2位ほど幸福指数が低いものはないというが、今大会を終えた韓国人の心情がまさにそれに近い。まして前回と同じく日本に敗れて大会を終えただけに、沈痛な思いを隠せないというのが本音である。

とはいえ、韓国は3年前よりも素晴らしい活躍を披露し、前回のベスト4を凌ぐ成績を収めた。今大会の準備過程を思えば、準優勝は最高の結果だとも言えるだろう。

そもそも韓国は今大会でベスト4進出を目標にしていたが、期待と憂慮が半々だった。何しろWBCにはメジャーリーガーたちが大量に参加してくる。北京五輪で金メダルに輝いたとはいえ、アメリカや日本に比べると戦力が劣るのは明らかだったし、コーチングスタッフ選びや選手構成も難航した。監督候補がこぞって辞退した末にキム・インシクが第1回大会に続いて指揮することになったが、プロ球界の現役監督たちでの組閣を望んだ彼の希望は叶わず、前回ベスト4の主力だったパク・チャンホ、イ・スンヨプ、キム・ドンジュら〝韓国球界の顔〟たちが相次いで辞退。彼らに代わるリーダーと期待されたパク・チンマンは故障で離脱し、韓国唯一のメジャーリーガーであるチュ・シンスさえも左ひじに不安を抱え、MLBから起用制限どころか打撃練習の球数まで監視されていた。精神的支柱不在で、戦力的にも不安を抱えていただけに、第1ラウンド敗退も懸念されていたのだ。実際、第1ラウンドで日本にコールド負け。日本キラーのキム・グァンヒョンが打たれ、打線も沈黙して大敗した夜、選手たちは食事も喉を通らなかったという。

だが、1980年代以降生まれの20代の選手が大半を占めた今回のチームの心は折れなかった。国際経験豊富で〝国民右翼手〟と称されるイ・ジンヨンも言った。

「若さゆえなのだろうか、選手たちの気持ちの切り替えが早い。大敗を引きずることなく、〝1点差も12点差も負けは負け。次、頑張ろう〟とチーム全員が気持ちをひとつにした。日本の力を認め、自分たちができることを準備すればいい。勝負はこれからだ」

その言葉通り、韓国は中国を下し、第1ラウンド順位決定戦ではボン・ジュングンの好投で1―0で日本に雪辱した。試合終了直後にキム・ソンハンコーチと抱き合い、人知れず涙したというキム・インシク監督も、第2ラウンド前に韓国記者たちに言った。

「3年前に比べると我々の戦力は落ちる。が、選手たちは3年前よりも若く、一生懸命だ。4年後はもっと良くなるだろう」

実際には4年の月日を待つことはなかった。アメリカ入りすると韓国打線が復活。〝本塁打軍団〟メキシコを3本のホームランで打ち崩し、3度目の対決となった日本戦では持ち前の機動力を生かした奇襲攻撃と、ボン・ジュングン2度目の好投で撃破。2大会連続のベスト4進出を果たす。順位決定戦こそ日本に敗れたものの、チームの雰囲気は最高潮に達し、キム・インシク監督も高らかに宣言したのだった。「これから我々の〝偉大な挑戦〟が始まる」と——。

この名言が一躍、韓国では流行語となり、その期待と関心に応えるかのごとく、韓国打線はベネズエラとの準決勝で大爆発する。決定的な役割を果たしたのが、それまで5試合でヒットわずか1本だったチュ・シンスだ。起用制限などで何かとストレスが多かったはずだが、試合前日のミーティングでは自ら率先して、メジャーリーグのシアトル・マリナーズでプレーするベネズエラの先発カルロス・シルバ対策を伝授し、本番では初回に3ランを放つ大活躍だった。

印象的だったのは試合前に見せた韓国選手たちの姿である。憧れのドジャースタジアムでのプレーを思い出に残そうと、チュ・シンス、イ・デホ、キム・テギュンらは記念写真を撮り合っていた。リュ・ヒョンジンは記者から準決勝からの投球数制限を訊ねられると、「100球ですよね。出番がなければブルペンで100球投げ込みますよ」と冗談を飛ばした。内野手チョン・グンウなどは「北京五輪では緊張したけどWBCではまったくそんなことない。むしろ楽しいくらいです」と笑っていたが、極限の勝負の中にあっても硬直することなく、のびのび溌剌とした若き選手たちは頼もしく、誇らしくもあった。

それだけに決勝で日本に敗れてしまったことが惜しい。韓国は前回大会を含め、WBCで12勝4敗を記録しているが、敗戦はすべて日本。しかも、今大会だけで5度も対戦したわけだが、やはり日本の技量は優れていた。韓国と比べると特に投手力が素晴らしく、岩隈がもっとも印象的だった。ダルビッシュも優れた投手だが、韓国打者には厄介な変化球を投げる岩隈のほうが効果的だったし、韓国プロ野球界の投手たちは柔軟性がありながらも力強い岩隈のピッチングを、ベンチマーキング（競合他社の長所を参考・手本にすること。韓国でよく使われるビジネス用語）することだろう。

イチローは韓国との決勝戦で劇的なタイムリーを放ったが、プレッシャーのせいなのか、以前よりも威力が衰えたように見えた。それでも足でかき回すところが彼らしかった。

打撃面でもっとも印象的だったのは青木である。パワーと精巧さを兼ね備えた彼の打撃技術は、〝日本最高のトップバッター〟という我々の予備知識を凌ぐものだった。この青木をはじめ日本の打撃陣はキム・グァンヒョンを見事に攻略したが、それは日本のスカウティング能力の勝利とも言えるだろう。聞くところによると、日本のスカウティング・スタッフはのべ26名いたという。対して韓国は、わずか2名。情報戦で遅れをとっていたわけだが、それでも韓国がサムライジャパン相手に好勝負を演じた原因を〝強い精神力〟で片付けてしまうのは抽象的過ぎるだろう。もちろん、日本への対抗心が技術の差を埋めた部分もあるが、戦力的に劣る韓国が日本に善戦できた理由はそれだけではない。日本で生まれ育ち、韓国きっての日本通であるＳＫワイバーンズのキム・ソングン監督も言っている。

「例えば3度目の対決の1回裏、韓国はいきなり盗塁する奇襲攻撃を仕掛けたが、あの大胆さを日本では〝無謀〟と考える。つまり、日本がやらないことが韓国では定石。野球の戦略と戦術面で両国に違いがある」

データやセオリーを重視する日本に対し、それらを基本知識程度にとどめ、状況に応じて能動的に対処する韓国。そこに日本にはない韓国の強みがあったし、個人的には韓国野球は今大会で、パワー重視のビッグボール・スタイルを得意とするアメリカ野球と、機動力と精密さで勝負するスモールベースボールを得意とする日本野球をミックスさせた、新しいカラーを示したのではないかと思う。言うなれば、野球のクロスオーバーだ。対戦相手や試合の流れに合わせて、ビッグボールとスモールボールを絶妙に使い分けながら、韓国野球は〝アジアの二流〟からついに〝世界の強豪〟の仲間入りを果たした。

しかも、まだまだ発展途上。今大会で貴重な経験をした選手たちはまだ若く、その可能性に日本やメジャーも興味を示しているという。今回の功績を認め、政府も球界の宿願だったドーム球場建設などのインフラ改善を検討しはじめた。それらが実現されれば、韓国球界はさらなる発展を遂げて競争力を高め、日本ともさらに白熱した競争を繰り広げていくに違いない。

終わってみれば、アジアのための大会だったとも言える今回のＷＢＣ。韓国と日本が、アメリカ、キューバ、ベネズエラなどの強豪を連破したことで、アジア野球が世界の中心になった。願わくば韓日野球界の健全な競争関係が今後も続き、アジア野球の栄光がいつまでも続くことを期待したい。

（文・ユン・スンオク／構成・慎武宏）

韓国の新聞報道

惜敗から一夜明けた25日。韓国主要紙の朝刊は、韓国代表の健闘を惜しみなく讃えた。なかでもキム・インシク監督は、「信頼・犠牲・疎通で〝偉大な勝負〟を率いた」（京郷新聞、3月25日）など、各紙大絶賛。〝信頼の野球〟（選手を最後まで信じる）、〝再生工場長〟（負傷した選手にも回復を待ち、機会を与える）、〝国民監督〟（WBC決勝戦進出）などさまざまな異名をつけて褒め称えたが、これは'02年W杯サッカーで韓国を四強に導いたヒディンク監督以上の心酔ぶりだ。

原監督と比較し、〝雑草〟にもたとえられた、その平坦ではない野球人生に触れた報道も多かった。キム監督は、社会人野球で投手として活躍したが、肩を壊し、25歳で現役を退いた。その後、母校で監督に就くも成績不振で解雇。プロ野球界入りは'86年だった。しかし、再び解雇の憂き目に遭う。3年後、監督として復帰し順調に見えた'04年、脳梗塞で倒れ、猛烈なリハビリで1カ月で歩けるまでの回復をみせたが、今でも後遺症と闘っている。監督への熱狂は、苦汁を嘗めたからこそにじみ出る深い人間性の魅力ゆえでもあるのだ。

今大会当初、弱小と揶揄された選手からも新しいスターが続々と誕生している。

その筆頭は、日韓戦で活躍し、日本キラーといわれたボン・ジュングン（LG）。18歳で大リーグに渡った異色の投手で、伊藤博文を暗殺した韓国の英雄アン・ジュングンになぞらえて〝義士〟の異名もついた。国際大会ではいつもイ・スンヨプ（巨人）の控えだったキム・テギュン（ハンファ）は韓国の新しい4番打者として急浮上。やんちゃ坊主のキャラクターで人気者だったが、WBCでさらに人気が爆発している。高校時代、カナダで開かれたAAA世界野球選手権大会で活躍し、大リーグにスカウトされたメンバー唯一の大リーガー、チュ・シンス（インディアンス）。大会中負傷したが、ベネズエラ戦で見事ホームランを飛ばし、さすが大リーガーと韓国のマスコミはこぞって持ち上げた。また、同戦で好投した寡黙男、ユン・ソクミン（キア）はこの好投で韓国のエースに昇格し、シンデレラボーイと呼ばれている。

反面、「イ・ボムホ同点打に歓呼　イム・チャンヨン失投へ嘆息」（ソウル新聞、25日）と物議を醸したのが、決勝でイチローに勝ち越し打を許したイム・チャンヨン（ヤクルト）だ。試合終了直後、ネット上でも「サインの見落としか」「それとも勝負にでたのか」と侃々諤々。監督は「フォアボールでもいいからストライクゾーンから外れたボールで勝負しろとサインを送った。捕手には伝わったが、投手まで伝わらなかったようだ」（朝鮮日報、同）と彼をかばい、本人も「サインは絶対に見ていない」と抗弁。しかし「ボールを投げようとして真ん中に入ってしまい、失投となった。イチローと勝負したい気持ちもあった」と心情を吐露し、監督も帰国後、「悔しくて一睡もできなかった」（文化日報、26日）と胸の内を明かしている。

また、「勝利したがマナーでは負けたダーティーサムライ」（中央日報、25日）と、手で併殺を防ごうとした日本の中島裕之のプレーを批判する声も殺到した。テレビの実況でも何度か指摘され、中島の顔にバウンドしたボールが当たると、「罰が当たった」と解説者が口走った場面もあった。

しかし、なにより、今大会で韓国マスコミがさかんに書き立てたのは、年俸格差についてだ。「（18日の試合は）年俸総額76億ウォン（約5億円）の韓国が1300億ウォン台（約91億円）のギャラを誇るWBC第1回チャンピオン日本を負かし、世界野球界のエリートに合流したことを知らしめる一戦だった」（朝鮮日報、25日）といった調子。実力に年俸が伴わないと言いたいのか……。いずれにしても年俸をも引き合いにだして勝負を論じるところに、金銭で価値を計る韓国特有のお国柄がよくでた報道だった。

（菅野朋子）

日韓決勝をソウルで見た

準決勝までは、フツーに東京でテレビ観戦してたんだよ。その前の週はポカポカ陽気でさ、花粉症のオレはティッシュで鼻の穴を塞ぎつつ、月曜日のアメリカ戦を眺めていた。わー、やったー、勝ったーってね。ごくごく一人のファンとして。

アメリカに勝った直後の正午すぎ、悪魔からの着信が。出ると、ナンバー編集者から早口の「指令」が下されたのだった。

「決勝の日韓戦、韓国の雰囲気をレポートしてください。今日の最終便が夜8時ですから、明日の試合には間に合います」

えっ⁉　急じゃない？　サムライジャパンのユニフォームくらいは準備してくれてるでしょう？　とせめてもの待遇アップを要求してみるが……。

「それは危険すぎますから。現地でやられないようにくれぐれも気をつけてください」

プツッ、ツーツーと電話が切れた。

……まぁよい。オレの「突撃魂」を試してんだろう。それに野球の日韓戦っちゅうのも興味深い。いままでは、サッカーばかり追ってきたからね。後学のために、とオレはスーツケースに荷物を放り込んでいった。

ポカポカ陽気の東京から一転、ソウルは肌寒かった。金浦空港に着いた時点で時計の針はもうすでに23時に近づこうとしている。寒いし、さっとホテルの部屋に直行する。テレビのニュースで、WBCの話題をやっていた。イ・ミョンバク大統領自ら大会の話題を口にしたそうだ。大統領は、韓国代表キム・インシク監督のあるコメントを絶賛していた。

「国家があるから、野球がある。監督はそう言っていました。すばらしい言葉です」

うわー、こっちは国家までは背負ってないぞ。でも負けちゃいかんと気を引き締め直す。

夜のうちに親しい現地記者に一本だけ電話を入れておいた。野球ファンが集まって試合を見るのはどこだ？　即答で教えられた場所は、「チャムシル野球場」。寒いからさ、屋内のスポーツカフェみたいなところはないの？　と食い下がるが「日本とは違うんだ」と突っ返される。とほほ。明日は寒空の下の取材になりそうだ。

翌朝、ソウルを横断する漢江の北側のホテルから南側にある球場までタクシーで向かう。30分ほどの道のり。この間、運転手さんと激論を交わすことになる。彼は決勝戦の日韓対決を避けたかったらしい。

「アメリカに決勝に出てきてもらいたかった。日本と比べて、大味な野球をやるからね。

ベネズエラは似たスタイルで、楽に勝てたし」

なかなかの分析。しかしメディアは違う考えを持っていたようだ。タクシーに乗る前に買った「スポーツ・ソウル」には、こんな見出しがあった。

「日本のデッドボールに復讐」

日本のファンからすれば、「そういえばあったなぁ」という感じのシーンだろう。第2ラウンド順位決定戦で内海哲也が投じた一球が、韓国の2番打者イ・ヨンギュの頭部を直撃した。これに対して本人が「復讐」という言葉を口にしたというんだから、恐ろしい！　でもこういう状況こそウデの見せ所。生来の「突撃魂」が揺さぶられるのを感じた。

韓国野球の聖地、チャムシル野球場は、バックネット裏と内野席のみが開放されていた。大型ディスプレイに試合展開が映し出される。観客の入りは4割程度。平日ゆえ先のベネズエラ戦よりは少ない客数なのだという。

それでも試合前から熱気はムンムンだった。応援団のリードの下、韓国発祥の応援グッズ「マクテ・プンソン（スティックバルーン）」をバンバン叩き、サッカーの応援と同じ「テーハンミング（大韓民国）」コールを繰り返す。

当然、「日本人が来るだろう」といった配慮は一切なされていない。国歌演奏の際、君が代のボリュームが思いっきり小さくなった。試合前から、モロに「アウェー」を感じる。

落ち着かない状況のなか、スタジアムの女神ちゃんを見つけた。韓国野球の風物詩、チアガールだ。内野席のベンチ上に陣取り、男性の応援団長とともに応援をリードする。彼女らは必ず細身・長身・サラサラ長髪・パッチリメイクであり、オレの好みからすると、外角やや低めのストライクゾーンに位置する。アイアムフロムジャパーン。ピクチャープリーズ。日本語は厳禁。写真撮影には成功したが、何も言葉は返ってこなかった。軽い笑顔が返ってきただけ。

替わりに、スーツ姿の男が歩み寄ってきた。

うわぁ、やられる。試合前の撃沈を覚悟した。男は胸のポケットからカードを取り出し、こちらに差し出したのだった。韓国語で話しかけてきた。

「撮った写真を、ウェブサイトに上げて、アドレスをこちらに送って下さい」

名刺には、芸能事務所の社印が。なんだー⁉　この愛国戦士は、みんなタレントで、応援は芸能活動なのかー⁉

そこからスタジアムの雰囲気もなんだか楽な気持ちで眺められるようになった。なにせ、球場全体が試合の流れをそれほど丹念に追ってないのだ。韓国の投手が２ストライクを取ると、シチュエーションに関係なく応援団長が煽る。

「サームジン！　サームジン！」

ああ、三振ね。

その応援団長たるや、イニングの間には本気のダンスを披露するわ、歌を歌いだすわでやりたい放題。圧巻は、7回表の日本の攻撃前の出来事だった。

応援団長に紹介され、なにやら40代後半と思しきおっさん歌手が壇上に上がった。横にいる太鼓係の細身のおっさんとともに曲を披露する。ド下手の英語の歌詞だった。そこまで芸能活動丸出しじゃぁ、ファンも怒るんでねぇの？　と思ったが、そんな様子もない。曲に合わせて踊っている。

驚くべきは、それが1—1のスコアで迎えた7回表だったことだ。その時、日本は、ノーアウトから9番片岡易之、1番イチローの連打でチャンスを作り出していた。歌っている間に、点が入りそうになった……。老婆心ながら、こちらが心配するほどだった。そうは言っても、9回裏、韓国があとワンアウトまで追いつめられたシーンでは、皆が祈っていた。直後にイ・ボムホのタイムリーヒットが出て、ゲーム最大の盛り上がりが訪れる。スティックバルーンの青い波が大きくうねった。ああ、試合の流れに入ってるんだなぁと感じたもんだ。

試合後、韓国ファンの表情は意外とサバサバとしていた。日本のテレビのインタビューに若者がこう答えていた。

——日本と5度も対戦して疲れませんでした？

「いいえ。日本戦以外は、面白い試合はありませんでしたから」

こちらだって、清々しい気分だった。遠慮のない反日感情のぶつけ方に、「友好」を謳った2002年ワールドカップ以降のサッカー日韓戦にはない、ワクワク感を感じたしね。

反日とは、野球の楽しさを引き立てる、調味料のようなものなんだろう。それがあれば、スリルが増し、野球の醍醐味も増す。

帰り際、家路につく野球ファンたちの話に聞き耳を立てた。あるおばちゃんが放った一言に、この思いを確信した。

「イチローを止めなきゃ、日本には勝てないわよ」

ライバル日本を語るときの彼らは辛さ全開だ。それが可能なのは野球の本当の味を知っているからなんだろう。


（吉崎エイジーニョ）

Column 3
アメリカ代表、試練の日々。

「ちょっとシナリオが狂ってしまったけれどね」と、デーブ・ジョンソン監督が表情を緩ませながら語ったのは、準決勝の日本戦を前にした打撃練習中のことだった。デービッド・ライトの劇的な逆転サヨナラ安打でプエルトリコを破り、苦しみながらの決勝トーナメント進出。前回大会では第2ラウンドで敗退してしまっただけに、ジョンソン監督の表情からは安堵感が見て取れた。

「本当は余裕を持って、ここまでこられるはずだった」とも、付け加えた。確かに、当初のシナリオは大幅な書き換えを余儀なくされた。大会直前の辞退者続出。3月に入って、クローザーとして頼りにしていたジョー・ネイサンが右肩に違和感を訴えてドタキャンしたのを始め、セットアップのブライアン・フエンテスが家庭の事情などで第1ラウンド辞退を表明するなど、6名の選手が代替メンバーとして追加され、その時点で戦力ダウンは明らかだった。

「ブルペンはチームの強み。ふたつのグループに分けて試合ごとに使い分けしたい」と、2月中旬にインタビューしたときには語っていたのだが、ブルペンは大会が始まる直前に壊滅の危機にさらされていた。

しかも、大会に入ると、今度は故障者続出だ。デレク・ジーターとともに、チームリーダーとして期待されていた主砲チッパー・ジョーンズが第1ラウンドで右わき腹を痛め、わずか10回打席に立っただけでリタイア。さらに、チームに活気を与えていたダスティン・ペドロイアが第2ラウンドを前に戦線を離脱、そして当たっていたケビン・ユーキリスも左足首を痛めて姿を消し、何とか復帰したものの数少ない大砲のひとりライアン・ブラウンも右わき腹を痛めて満足なプレーができなくなってしまった。そのため選手不足に陥り、捕手のブライアン・マッキャンがメジャーで全く経験のない外野を守るという苦肉の策でしのぐ場面もあった。

「打球を追ってフェンスまで絶対に走るな」と言って、ジョンソン監督は守備に送り出したのだという。

傷だらけのアメリカ代表。それでも、ファンのサポートが得られない。第1ラウンドのカナダはともかく、第2ラウンドの行われたマイアミでもほとんどビジター感覚。ヒスパニック系の移民が多い土地柄もあって、声援はプエルトリコとベネズエラが圧倒した。また、同時期に、日本でいえば夏の甲子園のような人気を誇るバスケットボールの全米大学選手権が開催されているということもあり、ＷＢＣに対する関心も薄く、野球ファンでもスプリングトレーニングでの地元チームの動向に目が向けられていた。宮崎キャンプから熱狂していた日本とは、はっきりした温度差があった。

選手たちを悩ませていたのは、ファンのサポート不足よりも、肝心のコンディショニングだ。今大会は特に、ダブルエリミネーション方式が採用され、２日続けて試合がある一方、２日続けてオフもあるなどの超変則スケジュール。球団のシステム化されたスケジュールに沿い、実戦で調子を上げていくことが染み付いているアメリカ人メジャーリーガーには試練の日々が続いた。それも、故障続出の原因のひとつだった。

だが、選手たちは必死に戦った。自打球で左足の親指を痛めたライトは、それでも試合に出続け、ユーティリティーのマーク・デローサは、最後には一塁まで守った。

ところが、所属球団は大会を通じてケガ情報や、不慣れな守備位置につかせるという情報に過敏ともいえる反応を示し、ことあるごとに代表チームにクレームをつけた。このあたりにも、敗退に繋がるアメリカの意思疎通の欠如、レギュラーシーズンの調整を最優先させる考え方が浮き彫りにされた。こんな状態では前回の雪辱を果たせるはずもなかった。「ハートのある、精神力の強い選手」（ジョンソン監督）を基準に選んだというチームでも、決勝トーナメント進出が精一杯だったのである。

（出村義和）

Column 4

優勝したからこそ考えるべきこと。

あるテレビ局のプロデューサーから、WBCに関するこんな名文句を聞いた。

「前回の裏MVPがボブ・デイビッドソンなら、今回の裏MVPは、宮崎の人々ですね」

確かに、今の熱狂はあの日から始まった。

日本代表が2月中旬に行った、一週間の宮崎合宿。市内からサンマリンスタジアムへ向かうバイパスは、久しぶりに野球のせいで渋滞した。もちろん、これはイチロー見たさがもたらした、想像を超える熱狂だった。

今やメジャーのトップクラスに位置する伝説の選手を目の前で見るのは、これが最初で最後になるかもしれない——そんな素朴な動機が宮崎の人々を突き動かし、日本代表の人気に火をつけた。その熱狂が僅か一週間で日本中に波及していったことは、強化試合から決勝までの凄まじい視聴率が物語っている。

しかも、その中で日本代表は勝った。

二度のＷＢＣに、二度とも勝ったのだ。日本は大変な騒ぎになっている。それも、讃美の声しか聞こえてこない。だから、いろんなことがうやむやになってしまうというリスクもある。今のＷＢＣはケチをつけようと思えば、付け入るスキはいくらでもある不完全な大会なのだ。野球の世界一を決める国別対抗の大会として考えるならば、まだまだ改めるべきところが多いことは否めない。実際、ＷＢＣの運営に関する問題点はいくつもある。

球数制限とは、いったい何ぞや――それは選手の保険に加入するために設けられた特別ルールだ。

9試合を戦い、韓国と5試合やるなんて、国際大会といえるのか――中南米とアジアの国々の距離を縮めるために掛かる経費はバカにならないだろう。

アメリカやドミニカなど、メジャーリーガーがズラリと並ぶ国々は本気で勝ちに来ているのか――ほとんどのメジャーリーガーにとって、ＷＢＣはスプリングトレーニングの延長であり、シーズン重視を理由に参加を積極的に考えない選手や球団は多い。

開催時期を夏場かポストシーズン後にすべきではないか――メジャーリーガーの中でポストシーズンに参加しない選手は9月を終えると完全にシーズンオフとなり、11月に選手を招集するのは至難の業である。夏場なら、メジャーのオールスターゲームの代わりにWBCを開催するということになるのかもしれないが、かきいれどきの7月にシーズンを一週間以上も中断することは考えられない。決勝トーナメントの3試合だけを夏に開催するというのが精一杯だろう。

しかし、こういった運営面に関しては、不完全なままでも受け入れるしかないと考える。問題点をすべてクリアしてから開催しようとしたら、いつまでたっても始められないと思うからだ。もちろん、日本が問題点についてこうすべきだと声をあげ続けることは大事だとは思うが、不完全なままでもとにかく始めるというMLBのスタンスに追従することも必要だと思う。MLBは、どれだけのメジャーリーガーが出場を拒んでもアメリカの顔としてヤンキースのデレク・ジーターだけは参加させることで豪華なチームを装い、開催に値する最低限のクオリティは保っている。こういうところの、理屈よりもまずはやってみるという実践力が、MLBのビジネス・オペレーションにおける原動力なのだ。

だからといって、日本が今のままでいいということにはならない。国内の問題に関しては、次のWBCまでの4年間を日本代表にとっての空白とすることなく、きちんと解決すべく考え、動くことが大事になってくる。

そのためにも、まずは日本の野球界の中でWBCに対するスタンスを共有して欲しい。たとえばボールの違いやマウンドの固さなどは、本当にアメリカにあわせる必要があるのか、議論が必要だろう。もしボールをメジャーと同じクオリティにするなら、日本のすべてのピッチャーに〝滑り対策〟を求めることになる。固いマウンドについても、下半身で粘って投げる日本のピッチャーの持ち味を殺してしまう危険性だってある。もちろん、ボールが飛ばなくなることでバッターにはさらに高度な技術を求めることになり、待望の長距離砲を生む土壌を整えることになるという利点もあるが、まずはそこまでして国際舞台に勝ちに行かなければならないのかという球界のコンセンサスは必要なのだ。

また、今回のWBCでは、候補に挙がった中日の選手が全員、参加を拒んだ。このことについては、それが個人の意志だというだけでは説得力に欠ける。WBCの東京ラウンドが読売色の強すぎるイベントであることは間違いないが、だからこそ中日が協力的でないというふうに映る振る舞いは、この国の野球界が一枚岩になっていないことを印象づけてしまう。中日は、読売がオリンピックに非協力的だった2000年のシドニー大会から選手を派遣し、北京にも惜しげもなく主力選手を送り込んでいる。今回のWBCでも投手陣を陰で支えたブルペンキャッチャーの小山良男は中日から派遣されていた。中日が国際舞台に協力していないわけではないのだから、代表候補に入った若い選手の背中くらいは押してあげるべきだったのではないか。

さらに、混乱した監督問題については、日本代表にGM制度を導入して、4年後のWBCに備えるべきだろう。現状では、コミッショナーのもとに日本代表の強化委員会などを設置し、王貞治顧問のもとにＧＭを配置するのがベターではないかと思う。国際大会の難しさは、頭でわかっていても実際に戦ってみなければ実感できない。その難しさを知る経験値の高いＧＭが、じっくりと選手たちを見極めてチームを構成していく。それも、直前になって対応するのでは遅い。連覇の熱が冷めないうちに4年後に向けて動き出すことが、この国の野球人たちに次への本気を示すことになる。次もまた、宮崎の人たちに盛り上げ役を頼るわけにはいかないのだから――。

（石田雄太）

本書は『スポーツ・グラフィック ナンバー』
650「王JAPAN　世界一の誇り。」
726「日本野球、連覇への軌跡。」
以上2冊を底本とし、大幅に加筆したものです。

写真　佐貫直哉、田口有史
編集協力　阿部珠樹、松原孝臣
本文デザイン　桝田健太郎

文春文庫

WBC戦記
日本野球、連覇への軌跡

定価はカバーに
表示してあります

2010年4月10日　第1刷

編　者　スポーツ・グラフィック ナンバー
発行者　村上和宏
発行所　株式会社 文藝春秋

東京都千代田区紀尾井町 3-23　〒102-8008
TEL 03・3265・1211
文藝春秋ホームページ　http://www.bunshun.co.jp
落丁、乱丁本は、お手数ですが小社製作部宛お送り下さい。送料小社負担でお取替致します。

印刷・凸版印刷　製本・加藤製本
Printed in Japan
ISBN978-4-16-721784-6

（　）内は解説者。品切の節はご容赦下さい。

石田雄太
イチロー、聖地へ
メジャーリーグへの旅立ちから大記録・262安打の達成まで、イチローはいったい何を考え、何と戦っていたのか。著者は「インタビュー」という名の真剣勝負を挑んだ。

い-57-1

植村直己
極北に駆ける
南極大陸横断の新しい夢を胸に地球最北端のイヌイット集落に住みついた冒険野郎の、村人との心温まる交流、厳しい自然との戦い。そしてさらに三千キロの単独犬ゾリ旅行に挑戦する。

う-1-2

植村直己
エベレストを越えて
一九八四年二月、マッキンリーに消えた不世出の冒険家が、一九七〇年の日本人初登頂をはじめ、五回にわたる挑戦を通じて人類を魅きつけてやまないエベレストの魅力のすべてを語る。

う-1-5

植村直己
青春を山に賭けて
エベレスト、モン・ブラン、キリマンジャロ、アコンカグアなど五大陸最高峰の世界初登頂の記録と、アマゾン六千キロに挑むイカダ下り。世紀の冒険野郎の痛快な地球放浪記。（西木正明）
う-1-6

長田渚左
こんな凄い奴がいた
技あり、スポーツ界の寵児（ちょうじ）たち
三段跳びの織田幹雄からプロゴルフの樋口久子まで、三十八名のスポーツ界のエリートたちの〝その瞬間〟について体当り取材し、本人さえも気づかなかった新事実に迫る。（縄田一男）
お-33-1

長田渚左
「北島康介」プロジェクト２００８
アテネ五輪で金メダルを獲得した陰には、平井伯昌（のりまさ）コーチをはじめとする「チーム北島」と呼ばれる五人のプロフェッショナルがいた。北京五輪に向かう最新情報を大幅加筆。（秋山　仁）
お-33-2

開高　健
私の釣魚大全
まずミミズを掘ることからはじまり、メコン川でカチョックという変な魚を一尾釣ることに至る国際的な釣りのはなしと、井伏鱒二氏が鱒を釣る話など、楽しさあふれる極上エッセイ。

か-1-2

（　）内は解説者。品切の節はご容赦下さい。

金子達仁
28年目のハーフタイム
一九九六年七月二十一日、奇跡は起こった――。メキシコ大会以来、二十八年ぶりの五輪出場を果たした日本サッカーチームの活躍と苦悩を辿る、渾身のドキュメンタリー。（馳　星周）
か-22-1

金子達仁
秋天の陽炎（かげろう）
悲願のJ1昇格がかかった九九年シーズン最終戦。この大一番に大分トリニータの選手、監督そして審判は何を想い、闘ったのか。精力的な取材で浮かび上がる迫真のドラマ。（中西哲生）
か-22-4

金子達仁
彼らの神
オリンピックでの国別メダル数は、ほぼ人口や経済規模に比例している。ではなぜ日本はスポーツでは世界で勝てないのか？　日本が世界で勝つための条件を探る、刺激的論考。（青島健太）
か-22-5

川上哲治
遺言
必勝から常勝、そして無敗の個人と組織づくり。そのために何をすべきか。稀代の名監督が最後の英知を結集。仕事師たちへの応援歌。原巨人の二年目を分析したあとがきを付す。
か-31-1

神山圭介
英霊たちの応援歌　最後の早慶戦
戦時下、禁止された野球を召集される前に今一度行いたいと奔走する早稲田と慶応の学生たち。昭和十八年十月十六日、早稲田の戸塚球場でついに最後の早慶戦が開催された……。全二篇。
か-38-1

木村達雄
透明な力　不世出の武術家　佐川幸義
小柄な老人の襟を摑んだ途端、武術の高段者でさえも数メートル先まで吹っ飛ばされてしまう魔法の武道・大東流合気武術を極めた佐川幸義の語録、技を紹介し、秘密を探る。（津本　陽）
き-29-1

熊川哲也
メイド・イン・ロンドン
十歳でバレエを始めて十五歳で単身渡英。わずか五年で英国ロイヤル・バレエ団のトップダンサーとなった著者初の自伝。文庫化にあたり新たな書き下ろしと最新撮り下ろし写真を収録。
く-21-1

（　）内は解説者。品切の節はご容赦下さい。

松井昌雄
秀(ひで)さんへ。
息子・松井秀喜への二一六通の手紙

父から息子・秀喜に送り続けた二一六通の手紙。そこには「父子対等」の教育観と愛情溢れる言葉の数々がちりばめられていた……。NYヤンキース移籍後のメールを追加した増補完全版。

ま-18-1

村上春樹
シドニー！
①コアラ純情篇
②ワラビー熱血篇

走る作家の極私的オリンピック体験記。二〇〇〇年九月、興奮と熱狂のダウンアンダー（南半球）で、アスリートたちとともに過ごした二十三日間——そのあれこれがぎっしり詰まった二冊。

む-5-5

スポーツ・グラフィック ナンバー 編
Sports Graphic Number ベスト・セレクションⅠ

一九八〇年四月、すべては始まった。創刊号掲載、山際淳司「江夏の21球」で幕を開けた「ナンバー」の歴史を凝縮。沢木耕太郎、佐瀬稔ら名手による十三篇の傑作ノンフィクションで振り返る。

P70-3

スポーツ・グラフィック ナンバー 編
Sports Graphic Number ベスト・セレクションⅡ

オリンピックの興奮、ワールドカップの熱狂、タイトルマッチの迫力、日本シリーズの静寂、名プレイヤーの独白——。スポーツの魅力を伝え続ける「ナンバー」の精髄を抽出した十五篇。

P70-4

スポーツ・グラフィック ナンバー 編
Sports Graphic Number ベスト・セレクションⅢ

王者の恍惚、挑戦者の孤独、そして夭折者の曳く長い影——。スポーツジャーナリズムに大きな変革をもたらした「ナンバー」の歴史を俯瞰する。特別対談・後藤正治×沢木耕太郎も収録。

P70-5

スポーツ・グラフィック ナンバー 編
Sports Graphic Number ベスト・セレクションⅣ

長島茂雄、中山雅史、松井秀喜、武豊、有森裕子、原田雅彦、清水宏保、小川直也……歴史が鳴動した瞬間、先駆者たちは何を思ったか。アスリートの言葉を美しい写真とともに振り返る。

P70-7

スポーツ・グラフィック ナンバー 編
日本野球25人　私のベストゲーム

長嶋は「10・8」、秋山は「バック宙」、桑田は「池田戦」、清原は「宇部商戦」、イチローは「県大会準々決勝」……。偉大なる野球人たちが熱く語るベストゲーム。（海老沢泰久）

P70-9